华章图书

一本打开的书,
一扇开启的门,
通向科学殿堂的阶梯,
托起一流人才的基石。

私域流量

冯平 刘焱飞 朱中域◎著

机械工业出版社
China Machine Press

图书在版编目（CIP）数据

私域流量 / 冯平，刘焱飞，朱中域著 . —北京：机械工业出版社，2019.6（2020.3 重印）

ISBN 978-7-111-63018-0

I. 私… II. ①冯… ②刘… ③朱… III. 网络营销 IV. F713.365.2

中国版本图书馆 CIP 数据核字（2019）第 116721 号

私域流量

出版发行：机械工业出版社（北京市西城区百万庄大街 22 号		邮政编码：100037）	
责任编辑：孙海亮		责任校对：殷 虹	
印　　刷：北京诚信伟业印刷有限公司		版　次：2020 年 3 月第 1 版第 5 次印刷	
开　　本：170mm×230mm　1/16		印　张：17.5	
书　　号：ISBN 978-7-111-63018-0		定　价：89.00 元	
客服电话：（010）88361066　88379833　68326294		投稿热线：（010）88379604	
华章网站：www.hzbook.com		读者信箱：hzit@hzbook.com	

版权所有 • 侵权必究
封底无防伪标均为盗版
本书法律顾问：北京大成律师事务所　韩光 / 邹晓东

PREFACE 前言

"生意"不知在什么时候成了"焦虑"的代名词。

广告投下去，没用，焦虑；不投广告，担心错过机会，焦虑；产品压在自己手里，销售人员迟迟拿不到订单，焦虑；产品分发到渠道商手里，没有回款只有退货，焦虑；促销做了，只带来一时的购买，之后又没动静了，一算账连成本都收不回来，鱼把饵吃了，鱼没上钩，焦虑；用户进店越来越少，同行竞争越来越多，深刻体会到"门可罗雀"，焦虑……焦虑成了生意人的常态。

很多生意人都生活在焦虑中，但总有一些人日子过得不错：这是一批有勇气的人，他们不怕困难，勇敢试错，错了再改，不断优化，像软件一样不断升级迭代；这是一批有洞察力的人，他们看准了趋势，看懂了未来，找到了各自的答案，寻找到了突破口。

他们找到了什么答案？用微信个人号打造私域流量池就是其中之一。有了私域流量池，就掌握了营销的主动权，不用再处处被动挨打了，不但销售业绩会飙升，竞争对手还看不到、影响不到。

很多人已经开始构想经营万千微友的方法，想用微信建立私域流量池。在这个过程中，会遇到各种问题：

（1）为什么一定要选微信个人号做运营？
（2）怎样才能拥有多个微信个人号？
（3）微信个人号流量池怎么变现？
（4）最新的玩法有哪些？
（5）最安全的运营法则是什么？
（6）有哪些好的案例？
（7）有哪些不可触碰的红线？
……

为了解答上述问题，本书诞生了。这是一本写给创业者、企业老板、大公司高管、小店主、自由职业者等职场人士的工具书，也正是因为有了成百上千的创业者、企业老板、大公司高管、小店主、自由职业者共同参与、共同实践，才有了这本书。

2019年1月9日，微信之父张小龙第一次在演讲中公布了微信的朋友圈数据："朋友圈每天有7.5亿人进去，平均每个人每天有30分钟泡在朋友圈里，朋友圈每天被打开100多亿次。"

比朋友圈被打开100亿次更多的是微信的聊天次数，2018年微信公布的数字是平均每天380亿次，2019年公布的是平均每天450亿次。

人在哪里，生意就在哪里。

微信个人号的朋友圈和私聊功能，必然成为生意的主战场。在过去的 8 年里，微信一路凯歌，活跃用户数量节节攀升，2018 年微信有 1 082 500 000 位用户保持活跃，这近 11 亿微信用户几乎都是微信重度用户。而你，可曾想过要拿微信个人号做些生意的布局？

生意最大的难题是需要反复购买流量以获取用户，而从其他渠道购买的用户在完成第一次购买后，商家想要再次触达用户时会发现，用户根本不在自己的手里。用多个微信个人号打造私域流量池，可源源不断地获取用户，确立与用户的关系后，还可带来购买，并通过持续沟通带来复购，通过传播不断裂变出新用户，构建一个品牌价值不断上升的闭环系统。放在时间轴上看，日积月累，这就是一条持续向上延伸的价值增长曲线。

今天我们做的每一个动作、花的每一分钱、积累的每一个用户，都是将来获取价值的保障。

大家可以试想，自己手里掌握着专属于你的万千用户，你发的每一条朋友圈都可以触达这些人，你还可以通过私聊进行答疑，且每个用户都是你的朋友，绝对信任你，你还有什么做不到？现在已经有人借助微信个人号一年实现 10 亿元的销售额。

要想拥有足够多的微信好友，必须多个微信个人号联合运营。多个微信个人号运营的玩法从 2012 年诞生到现在，已经过去了 7 年，很多你没想过也没见过的玩法，也许你的同行早已默默用了好多年。

不见不识,不学不会。有心的人,听到一次会思考十次,见到一次会实践十次,直到做成。纸上得来终觉浅,绝知此事要躬行。

2014年12月,我的《微信朋友圈这么玩才赚钱》一书由机械工业出版社华章分社出版发行,这本书里有我们独创并整理的运营理念和操作方法,影响到千百万人。

五年来,我们亲眼见证的小微经营者成千上万,有卖水果的、卖土特产的、卖化妆品的、卖生日蛋糕的、卖酒的、卖课程的……哪怕他们只有一两个微信,也都因为踏实运营而获得了成功。用微信个人号建造私域流量池,早已不再是微商的专利,很多企业主动选择了这种方式。

五年来,我们服务的客户包括天猫店、淘宝店、垂直电商平台、微信电商平台、投资公司、地产公司、会展公司、汽车修理公司、培训公司、网红公司、教育机构、医疗美容院、服装连锁店、快时尚餐饮连锁店、奢侈品连锁店等。

今天,《私域流量》全新发布,希望本书能给千百万人带来启发和收获。

我们希望,所有的生意人都不再焦虑!

刘焱飞

CONTENTS | 目录

前言

第一部分 | 为什么要做私域流量

第 1 章　私域流量与微信个人号　002

第 1 节　什么是私域流量　004
第 2 节　微信个人号私域流量池经营的特点　006
第 3 节　微信个人号私域流量池经营的优点　007
第 4 节　微信个人号私域流量运营的四部曲　008

第二部分 | 角色定位

第 2 章　角色定位的原则和方法　012

第 1 节　微信重塑了人与人的关系　014
第 2 节　微信个人号私域流量的主角是"人"　015
第 3 节　角色打造——成为行业"鉴赏家"　016
第 4 节　角色定位——要有高势能　017

第 5 节　微信个人号主角要打造"情绪人"　　　018
第 6 节　微信个人号主角要引领美好生活方式　　019

第 3 章　案例
东青餐饮与 5000 万客户做微信好友　　021

案例引导

你想过有 5000 万个微信个人号好友吗？
怎样才能节省几千万广告赞助费？
有 300 个微信个人号你会用来做什么？
你如何应对用户在微信里对你的直怼？
发朋友圈时有哪些东西不能碰？
如何成为制造场景、调动情绪的高手？
为什么要让微信好友参与共创"美好"？
用微信个人号做餐饮服务有哪些好处？

第 4 章　案例
打磨工匠精神，他用两个微信个人号成功创业　　035

案例引导

你的微信个人号一年能收入多少钱？
为什么有工匠精神的人在微信上容易成功？
怎样做才能让你的微信个人号对别人有用？
为什么不能让员工用自己的私人微信加用户？
老板如何通过员工把用户抓在自己的微信里？
把重要用户拱手让人的老板犯了什么错？
创业者如何用微信个人号提高创业成功率？
如何通过微信个人号运营实现个人力量组织化？

第 5 章　案例

老板甘当微信助理，管好 1000 名网红

　　　主播　　　　　　　　　　　　　　　　048

案例引导

如何用 1000 个模特实现直播吸粉？

从直播往微信加粉报什么号码最好？

直播带货如何发挥微信个人号的威力？

运营者为什么不能迷信微信群？

集中 20 万微信好友捧主播会有什么好处？

直播带货为什么不能天天卖？

多跟商家合作进行推广有什么好处？

用微信个人号培养网红如何用好三级火箭？

第三部分 ｜ 用户获取

第 6 章　用户获取的原则和方法　　　　　　　064

第 1 节　力求精准用户，避免泛流量　　　　066
第 2 节　选好主战场，适当吸引潜在用户　　067
第 3 节　舍得花钱圈用户，获取微信个人号好友　068
第 4 节　善于主动出击，打劫流量　　　　　069
第 5 节　尊重微信规则，坚持被动添加　　　070
第 6 节　百川归大海，微信个人号是终极目标　071

第 7 章 案例

实体店铺地推，获客 3 万年销 700 万元   073

案例引导

开店为什么要留一半预算用于获取微信好友？

不进店的人为什么比进店的人更重要？

如果不会发微信朋友圈可以抄别人的吗？

为什么店主一定要出镜与用户多拍合影？

为什么微信生意成功以后再去开新实体店

　不是好的选择？

微信运营的员工为什么要定期轮换岗位？

聊天和添加新好友到底哪个更重要？

微信朋友圈里要不要帮好友发广告？

你的微信员工能达到一年 20 万元销售额吗？

第 8 章 案例

网络广告花费 6000 万，转化 6 万微信贵宾

会员   088

案例引导

怎样才能让 6 万好友都能感受到用户特权？

为什么要向医美行业学习微信个人号运营？

通过网络获取一个到店用户真的要花 3000 元？

什么样的角色定位能让用户更加信赖？

如何避免医美咨询师把用户拐走倒卖？

医美行业开新店如何避免失败？

微信个人号上如何打造更高的角色势能？

第9章 案例

淘宝店持续留存，36个号搭起微信事业部　　101

案例引导

淘宝电商如何发挥优势玩转微信个人号？

把淘系用户变成微信好友是战略还是战术？

你会让微信好友去给淘宝店铺刷单吗？

如何把一个卖货的微信号塑造成有血有肉的人？

朋友圈一天规划10条信息算不算多？

微信个人号为什么要分层运营用户？

怎样在微信个人号里卖更多VIP会员？

第四部分 | 互动激活

第10章　互动激活的原则和方法　　114

第1节　全流程梳理用户触点　　116

第2节　专业互动从主动点赞、评论开始　　117

第3节　内容规划做一周，坚持每天发10条　　118

第4节　向用户征集朋友圈内容素材　　119

第5节　用朋友圈活动做用户裂变　　120

第6节　微信个人号是优秀的CRM系统　　121

第 11 章 案例

朋友圈裂变，3 年积累 20 万微信好友　　123

案例引导

你的品牌跟用户的关系是否足够紧密？
如何寻找并优化你的用户触点？
品牌的角色定位为什么要站高打低？
做现场活动用户越多就越好吗？
以微信个人号为核心的活动该怎么筹备？
怎样把 10 个微信好友裂变成 500 个微信好友？
怎样的朋友圈内容能带来更多互动？
为什么用微信个人号做推广成功率更高？

第 12 章 案例

做外卖又当红娘，朋友圈就要玩起来　　137

案例引导

赔钱的人为什么很少从用户方面找原因？
如何把外卖平台的成交用户都变成微信用户？
用微信个人号做外卖获取回头客为什么成本最低？
外卖号如何通过微信互动保持个人魅力？
有 50 个微信号就能开 30 家外卖店吗？
用微信个人号往外卖平台导流为何不可取？
你会不会花钱收购同行的微信个人号？
新手从哪里入手运营微信个人号最合理？

第 13 章 案例
组建专业团队，用微信服务加盟店　　151

案例引导

为什么招商加盟的秘密武器是微信个人号？
如何用微信个人号让店铺营销变简单？
你的店铺能做到"一个店三个微信号"吗？
为什么开业时加微信好友要不惜血本？
如果你是加盟商，你会把微信交给总部运营吗？
从微信好友升级为加盟商真的只有一步之遥？
品牌老化后如何依靠微信好友换品类？
直接换形象是否影响跟微信好友的正常沟通？

第五部分 ｜ 销售转化

第 14 章　销售转化的原则和方法　　168

第 1 节　微信个人号的五种销售模式　　170
第 2 节　构建场景，制造稀缺产品　　171
第 3 节　勇于卖高价　　172
第 4 节　卖不动就每天做秒杀促销　　173
第 5 节　做拼购既卖货又能获得新用户　　174
第 6 节　设计零元产品做引流，打通线上线下　　174

第 15 章 案例

微信个人号配合公众号，她年销 10 个亿 … 176

案例引导

单品爆款团购为什么更适合微信电商？

怎样才能做到 80% 的用户复购率？

运营公众号为什么一定离不开个人号？

做微信你能坚持长期输出优质内容吗？

微信个人号推荐团购为什么更容易成功？

微信售后让每一个用户都满意是笨方法吗？

用微信团购怎样才能一年卖 10 亿？

你能做到"不打扰、不建群、不群发"吗？

第 16 章 案例

一个微信月销 10 万，他一口气复制 50 个 … 188

案例引导

高档商场里开店的租金中有多少是冤枉钱？

店铺无人进来就只能坐以待毙吗？

为什么从高档商场里加的好友更容易实现成交？

老板们都是如何被店员用微信架空的？

要打造个人号，为什么不能在朋友圈里转发公众号文章？

朋友圈里的买家秀和销售是什么关系？

如何把整个商场的几万人都变成你的好友？

用微信搞活动怎样做到一次投资长期收益？

第 17 章　案例

零元引流，课程助教，打通线上线下培训　　201

案例引导

做教育培训行业哪类用户付费意愿最强？
如何防止学员绕开机构直接用微信联系老师？
为什么用微信个人号更容易以老带新？
怎样用一张图片让用户主动传播？
知识付费相比传统的教育培训有什么优势？
知识付费能否做到单课程上千万元的销售额？
免费的网络课如何找到精准付费用户？

第六部分 ┃ 避免风险

第 18 章　避免风险的原则和方法　　216

第 1 节　如何解决老板跟员工的利益冲突　　218
第 2 节　微信个人号的产权问题不容置疑　　218
第 3 节　不要迷信微信群　　219
第 4 节　不要贪图用免费流量获利　　220
第 5 节　如何避免被封号　　221
第 6 节　如何避免微信个人号老化　　222

第 19 章 案例
员工离职带走微信，老板突遭生死考验　224

案例引导

如果创业，你有没有勇气去做高端人士的生意？

开店真的只能靠位置吗？

为什么跟高端人士打交道的生意一定会用到微信？

如何避免离职员工偷走企业的微信用户？

为什么总部要统一管理微信个人号？

怎样管理兼顾总部管理和店铺销售的微信个人号？

第 20 章 案例
卖酒 5 个月，他把微信的坑全踩了一遍　236

案例引导

为什么在微信上卖酒是个错误的选择？

你觉得靠网上炒作文章卖酒靠谱吗？

微信群里加好友卖酒为何很难卖出去？

你相信玩抖音小视频就能卖酒吗？

用抖音圈粉为何要用微信个人号落地？

为什么从传统渠道加好友卖酒更有效？

第 21 章 案例
天猫电商刷单，50 个微信号全被封号　246

案例引导

"人货场"三件事你觉得哪个最重要？

用微信做电商为什么不如用天猫做电商？

微信电商的本质不是"买卖"是什么？

从电商流量转化微信好友怎么做最有效?

为什么让微信好友去天猫刷单是死路一条?

如何才能避免被封号?

为什么说微信个人号是天然的会员制体系?

微信个人号做"三人团购"的本质是什么?

后记   260

PRIV

CUSTO

01 第一部分

为什么要做
私域流量

第 1 章

私域流量与
微信个人号

第 1 节
什么是私域流量

第 2 节
微信个人号私域流量池经营的特点

第 3 节
微信个人号私域流量池经营的优点

第 4 节
微信个人号私域流量运营的四部曲

第 1 节

什么是私域流量

"私",字义是指个人的、自己的,又指不公开的、秘密的。

"域",指领土,范围,如疆域、区域。

"流量",指数量,例如人流量、水流量、车流量。在互联网时代,流量主要指网站的用户访问量等。在移动互联网时代,流量是指手机上 App 下载用户数量等。

以微信为代表的移动互联网时代,我们把微信个人号的好友称为微信私域流量,这个新词目前在《辞海》中还没有被收录。本书先诠释一下什么是"私域流量":它是指以个人为主体所连接到的人的关系数量,又称好友数量。常见的私域流量有微信个人号粉丝、微信公众号粉丝、淘宝微淘粉丝、微博粉丝、抖音粉丝、线下店的客户及会员等。

我们选择微信作为私域流量运营工具是因为微信的活跃用户数量在 2018 年超过了 10 亿,个人或企业用户都在微信上。相比微信的公众账号和小程序,微信的私域流量运营工具被确定为微信个人号,那是因为:

(1)微信个人号在添加微信好友时必须得到对方同意。在用户心态上,接受一个人成为好友是独有的和私密的,这种方法更有利于建立双方的信任关系。运营者和用户是一对一的好友关系,在关系上是对等的,各自都掌握着社交主动权,双方都有结交权和绝交权,这样的机制对用户是友好的,一旦一方骚扰另一方,则被骚扰方可随时拉黑、删除好友,或屏蔽朋友圈展示。微信在其设计中,称这是保护接受信息方的行为。

(2)微信个人号独有的朋友圈功能,在传播信息时,只有微信好友能听到看到,私密性很好,避免了公开传播中的各种不可控因素。运营者可以通过创作及发送好的朋友圈内容,影响好友对自己的认知,这样更容易建立良性关系。好友在看朋友圈时亦无压力感,因为发送朋友圈者不知道谁在看,看的人也是静悄悄地无压力浏览,有感而发时还可以点赞及评论互动,告知对方自己的感受,互相感谢并激励。同样的场景,作为运营者也可以主动浏览用户的朋友圈,对用户做深度了解,便于做出用户画像,更能够通过经常为用户朋友圈点赞和评论互动,获得用户的注意、喜爱和信任。

（3）微信个人号的好友关系，只属于经营者和用户，相互之间看得见、连得上，彼此独有和私密，其他人看不见、连不上，也拿不走这个关系，竞争对手无法获取这种私有的用户信息；在自己的私有领地里，用户的安全性得到极大的保证。

利用微信个人号打造私域流量除了独有性和私密性外，还有聚集性、裂变性和进步性。

（1）**聚集性：**指微信个人号可以吸引线上线下的一切流量。常用的公域流量，比如淘宝、百度、今日头条等各种大网站的用户，以及有私域流量属性的企业自建App用户、微淘粉丝、微信公众号粉丝、微博粉丝、抖音粉丝、实体门店用户、商铺等线下渠道的用户，这一切的一切，都可以汇聚到微信个人号上，把普通用户变成微信好友。将10个、20个、100个，甚至1000个微信个人号同时掌握在运营者手中，就会形成私域流量池。在进入微信个人号的私域流量池后，原有的关系依然存在，运营依然可以相互支撑。

（2）**裂变性：**微信个人号流量池并不是死水一潭，运营者和用户成为好友后，运营工作才刚开始。运营者通过社交互动，让关系的流动和信息的流动持续不断，从而激活用户产生信任，产生购买。用户体验好就会主动传播，推荐自己的好友成为运营者的新用户，完成以老带新的社交裂变。

（3）**进步性：**主要体现在运营思想上，利用微信个人号打造私域流量用的不再是传统的"流量收割"理念，运营者面对的不再是冷冰冰的流量数字和金钱数字，而是活生生的人。从关注"流量"到关注"人"是运营理念上的一大进步。经营者在微信个人号上可重建自己与用户的关系，他们可利用微信朋友圈的内

我 | 的 | 思 | 考

容和私聊沟通与用户产生互动，你来我往，彼此关照，互惠互利，让关系产生品牌价值，加固守望相助的强信任关系。

经营者与用户之间的关系不再只是利益关系，还有情感关系，有了共同的文化归属感，可保持长期、持续、稳定的社交关系。

综上所述，用微信个人号打造私域流量池是运营者独有的、私密的，且具有聚集性、裂变性和进步性的运营方法。

第2节

微信个人号私域流量池经营的特点

微信个人号私域流量池经营的特点是人性化、可信任、可复制、可扩展。

（1）**人性化**。经营者和用户之间是一对一的人与人之间的交往，先交朋友再谈生意，先产生交情再产生交易。在经营上，经营者既可以对所有用户采用统一的经营策略，也可以因人而异，制定差异化的经营策略，为不同的微信好友提供个性化的订制产品和服务。

（2）**可信任**。经营者和用户之间通过人际交往可以产生信任。首先，信任来自经营者的个人魅力，经营者可以在自己朋友圈这个私家领地，通过内容反复击打塑造个人魅力，激发用户的点赞和评论；其次，信任来自于经营者经常对用户的朋友圈进行浏览、点赞和评论，通过一对一进行内容互动来深化和强化信任关系；更重要的是，用户对经营者的信任可以转化为信任背书，推荐自己的亲朋好友给经营者，这种信任推荐的用户的商业价值更高，经营者也可以把自己生活中优秀的朋友和信息推荐给用户。

（3）**可复制**。用微信个人号打造私域流量池是一种独特的企业级行为，不是小打小闹，经营者无须担心每个微信个人号5000好友的限制，因为可以根据用户数量，选择运营多个微信个人号。目前我们持续运营的就有230万微信好友，承载在2000个微信个人号上。目前，经营者一般有10~50个微信个人号。经营者也可以从零开始，在没有微信好友的情况下，根据不同的区域、店铺、产品线等纬度提前构架自己的多个微信个人号运营体系。

（4）**可扩展**。用户认可的是经营者的人格魅力，经营者可以随时根据经营需要升级自己的经营范围，扩展自己的经营品类，也可以带着私家领地的微信好友，随时开拓新的经营区域，甚至可以调整经营者的昵称、头像，升级、改变经营者形象。

我 | 的 | 思 | 考

第 3 节

微信个人号私域流量池经营的优点

微信个人号私域流量经营具有节省广告费用、信息随时触达、销售形式多样、长期持续有效等优点。

（1）**节省广告费用**。微信个人号是天然的免费广告平台，聪明的经营者善于通过在朋友圈展示日常生活的点滴趣味，隐晦展示自己的品牌广告，通过微信一对一私聊，吸引用户参与自己的品牌活动，这对于常年有大量广告预算的企业来说尤为重要。除了在微信个人号上发布的广告之外，运营朋友圈只有一个目的，就是把用户拉进自己的私家领地，成为微信好友，今后不用再花钱做广告。但要注意，只有愚蠢的经营者才会天天在朋友圈里刷广告，因为一旦引起用户反感、被拉黑、屏蔽或删除，广告就成了无效行为。

（2）**信息随时触达**。数据显示，2018 年平均每个微信用户每天打开朋友圈 7 次，经营者可以根据用户的使用习惯，随时传递品牌信息，触达自己的用户。经营者也可以每天"栏目化"发布信息，让用户形成固定的信息接收习惯。比如每天定时组织活动，吸引用户参与；也可以集中时间给用户的朋友圈点赞和评论，激活对话。原则上，经营者不应采用打扰式群发，不应滥用信息沟通的便利性，引起用户反感。

（3）销售形式多样。利用微信个人号打造的私域流量池，用户精准度高，运营者可以直接采用一对一零售的形式，也可以利用朋友圈等功能做批发、秒杀、团购等销售活动，这样不但可以维护好社交关系，激活单个用户的重复够买，也可以利用微信个人号便捷的社交推荐功能，让老用户推荐新用户，完成以老带新的转介绍。还可以利用微信个人号的客户关系管理功能，给微信好友以 VIP 会员特权，做会员销售。

（4）长期持续有效。一旦用户进入经营者私域流量池并与之形成一对一的社交关系，这样的关系就会长期持续存在，并随着时间的推移越来越牢固。对于经营者来说，用户不会丢失，并且日积月累，价值越来越大。可预见，微信将长期存在，企业经营者不必担心"微信能活多久"的问题。即使未来出现新的沟通工具，经营者手里成千上万的微信好友也会成为新工具粉丝的基础，不用再花金钱和时间去重新获取用户，就如同从 2011 年微信诞生后，绝大多数人的微信好友都来自已有的手机通讯录和 QQ 好友。

第 4 节

微信个人号私域流量运营的四部曲

微信个人号私域流量池的经营者主要有四件事要做：角色定位、用户获取、互动激活、销售转化。

（1）角色定位。经营者首先要确定自己以什么样的人物角色形象出现在用户的世界里，角色功能有哪些。这个角色不同于企业的品牌，而是品牌的代言人，原则上以企业的老板形象为主，也可以分散为一个又一个角色功能相同、姓名形象不同的店主，角色特点要符合大众的审美趣味，有用和有趣是两个重要的指标。如果从用户角度来审视品牌代言人，角色定位应该是一个值得用户信赖的好朋友。

（2）用户获取。经营者要尊重微信个人号的使用规范，获取用户时要避免大量、频繁添加好友，否则很容易被封号。获取客户应该以吸引用户关注从而被动添加为主，一个微信个人号每天最多可以被动添加 500 个好友，企业可以一次投入多个微信个人号，在不同的区域、不同的渠道、不同产品线去同时获取用户。

（3）**互动激活**。经营者与用户在微信个人号上交流，目的是激活用户潜在购买需求，用发朋友圈、为好友朋友圈点赞评论、发起一对一私聊、拉小群提供 VIP 服务、做微信个人号活动等方式，激活用户购买。

（4）**销售转化**。用微信个人号私域流量池完成销售转化、重复购买，并发挥微信个人号的社交传播功能，让用户在购买时主动帮助运营者传播，夸产品好，夸运营者人品好，为运营者带来更多的用户和口碑。

我｜的｜思｜考

PRIV
CUSTO

02 第二部分

角色定位

第 2 章

角色定位的
原则和方法

第 1 节
微信重塑了人与人的关系

第 2 节
微信个人号私域流量的主角是"人"

第 3 节
角色打造——成为行业"鉴赏家"

第 4 节
角色定位——要有高势能

第 5 节
微信个人号主角要打造"情绪人"

第 6 节
微信个人号主角要引领美好生活方式

第 1 节

微信重塑了人与人的关系

自然状态下的人与人之间的关系，需要交谈、聊天、握手、拥抱来维护，罗宾·邓巴教授曾经描述这种状态下的人的朋友，大约每个人只有 150 个左右这样的朋友，这个数字叫"邓巴数字"。

当微信成为人身体的一部分后，人与朋友的关系发生了变化，承担起交流中介的是语音、图片、视频和文字。你会确信那个在发送微信消息的就是你的朋友，他发了朋友圈表示很难过，你也跟着难过；他推荐了一款产品，你会相信他而愿意去购买。但实际上，使用微信的可能并不是本人，或者并不是人，发送信息的只是提前写好的程序。

人，跟微信消息分离了。

一组完整、可信的消息，可以塑造出一个朋友的角色，承担起人与人交流的全部任务。这给了经营者机会，经营者不仅可以顺利突破"邓巴数字"的限制，在微信个人号上拥有几万、几十万甚至上百万的微信个人号好友，而且在角色背后承担起交流任务的可以是经营者的员工、助理，甚至是人工智能助理。

那个拥有头像、昵称、背景、个性签名和朋友圈，可以跟人私聊的微信，改变了人与人的关系。

前提是，角色的信息要完整可信，经营者要做好这个微信个人号的头像、昵称、背景、个性签名、朋友圈和私聊，这正是用微信个人号打造私域流量池要做好的第一步工作。

第 2 节

微信个人号私域流量的主角是"人"

 我 | 的 | 思 | 考

名不正，言不顺。

很多运营者看不清楚这种全新的人与人的关系，即便是在用微信个人号提供服务，也固执地喜欢使用"品牌名"发广告，试图用品牌跟人做朋友，结果适得其反。

你愿意跟一个叫"西贝餐饮崇文门店"的品牌交朋友，还是愿意一个跟"韩淑芬，西贝崇文门店长"的人交朋友？

很明显，"品牌名"缺少点人味儿。

"品牌名"的朋友圈只有产品刷屏，人的朋友圈里应该有生活百味。

用户端是人，运营端也得是人。人与人，才是公平的，也是有效的。

对运营者来说，这是一种角色扮演，通过个人头像让自己扮演上，然后取一个"人"的名字，签名写上有感染力的心情，剩下的就是发好朋友圈，及时聊天，这样一来事情会变得很简单。

如果可能的话，这个主角最好是由品牌的老板来扮演，本色出演，真诚服务用户。这样的话，假设你有50个微信个人号，每个号上都有数千个微信用户，用老板的形象统一示人，属于你的私人流量池就成型了。

如果你认为自己没法扮演好运营的"主角"，只能说你可能对自己的事业没有足够热情，最终的结果恐怕会非常不好。这并不是危言耸听，曾经有过老板让员工做微信个人号主角，后来员工离心离德，把用户全部偷走，这恐怕不是老板想看到的。

第 3 节

角色打造——成为行业"鉴赏家"

每一个角色都有其固有功能。

确定角色功能最重要的原则是：**让用户感受到"有用和有趣"。**

人需要朋友，有问题时可以咨询，这是功能性需求，因此人们希望自己有一个做医生的朋友、懂车的朋友、懂房的朋友、懂法律的朋友等，这正是微信个人号运营时能够立得住、有实效的基础。

如果你卖酒，你应该在微信上扮演一个酒品鉴赏家；如果你卖面膜，应该在微信上扮演一个懂化妆品的行家；如果你开饭店，应该在微信上扮演一个美食鉴赏家……这个原则适合每一个运营者。当然，你要有真才实学，不能去骗用户，这里的意思是，你要以什么形象出现。

比如，鉴赏家的标签可以是：一个品类历史悠久的继承者，一个新领域的开创者，掌握一种高科技的制造型人才，领导老品牌做新一代升级的人，独占着行业领导品牌经营权的人，有众多行业意见领袖背书的人，自身有专家一样的权威的，销售的是市场最热销产品的，有敏锐的观察能力和表达能力的人。

这样的话，你的微信好友们才能在遇到问题的时候第一时间想到你、咨询你，把你当成他某一个领域里最值得信赖的朋友。

值得信赖的朋友才有价值，有价值才能商业变现。

更重要的是，你不用成为全世界最好的专家，微信个人号的私域流量是一个封闭的空间，只需要成为他这几百个微信号好友里最懂行、最专业的朋友，就有赢的可能。

当然了，角色在有用的同时，也要有趣，这是加分项，毕竟一个无趣的、严肃的专家朋友，并不受人欢迎。

第 4 节

角色定位——要有高势能

 我 | 的 | 思 | 考

微信个人号的角色一定要有高势能，让用户仰视才好，不要去做服务员，这是很多运营者会犯的错误：一上来就把微信个人号运营的工作交给客服部门，让客服人员去跟用户沟通。

微信个人号角色最好是老板，或者是有鉴赏能力的专家，否则一旦用户把你当成服务人员，那么你就会有处理不完的客户投诉，想要创造更高的价值，比如实现变现、增加用户黏性、由用户变成朋友，就不可能了。

老板可以绕开各种渠道直接跟用户沟通，从而可以直接获得用户对企业的所有不满，这样可以避免通过下级上报获得而被主动或被动扭曲的消息，做一个能直接且全面掌握各种信息的人，这样的老板做出的决定才是处理各种问题的最佳方式。

高势能的角色，要有高级的内容衬托，比如秀出一个有品位、有爱心、有上进心的成功者，要时刻注意衣食住行，要保持外表光鲜亮丽，更要显得有内涵。当然这些只是最平常、简单的方法，我还应该用一些高级方法。

有时候，为了让角色拥有高势能，让用户信服，需要有计划地安排一些行程，比如经常出国旅行、品尝美食等，满满的正能量就行，切不可浮夸，比如"喜提宝马""喜提飞机"这就很难让人相信。毕竟个人生活秀只是一个方面，运营者是要取信于人，多跟用户在一起，多秀一秀用户相信的、容易取得用户好评的生活，才能打造有商业价值的高势能。

国际知名的家居品牌宜家在上海的店铺，2019 年春节前在醒目位置放了一个微信个人号，这是私域流量运营特别好的案例。但账号声称朋友圈里会不定期更新特价及处理产品，一下子就让账号的格调低了很多，我们觉得，"特价及处理商品区"不利于形成高势能，需要再慎重考虑具有更高势能的角色定位。

第 5 节

微信个人号主角要打造"情绪人"

当运营者利用微信个人号来处理发布信息时就会发现，这些信息可以脱离角色，独立存储并传播，并且可以重复使用，同一条信息用在 1000 个微信个人号上也没问题，信息不会损耗且都可带来增长。

人类是用视觉、听觉、嗅觉、触觉、味觉等感觉器官不断接收外界信息的，大脑会对这些信息进行处理，适时做出反应或发出相应的指令。

因此一个好的生意人要充分理解人类的眼、耳、口、鼻、舌、手、脚等感觉器官是如何发送和接受信息的，还要精通于各种心理原则，懂得人性，懂得如何利用信息去调动人的情绪。

当一个企业品牌的代言者利用微信个人号呈现自己的角色时，常常被人称为"打造 IP"，这是一个组织人格化的过程。组织人格化是个复杂的过程，这个复杂的问题也可以简单化，即只打造一个"情绪人"。

情绪人时刻在调动用户情绪，引导用户进行互动、购买。在微信个人号里，情绪人的角色扮演其实只需要几张图、几行字，但需要日积月累才能完成。

运营者需要经常思考的问题是：

（1）用户是什么样的人？

（2）用户想从我们这里得到什么？

（3）在用户理想的实现过程中会遇到什么痛点？

（4）我们对用户痛点的理解是什么？

（5）能让用户开心的是什么？
（6）我们能做些什么？
（7）用户希望我们怎么做？

根据阿里巴巴的用户需求调查显示，当前用户想要的情绪利益点依次是：生活多样充实，让生活更高效，更自由，生活有品质，充满满足感，充满新鲜感，可缓解压力感，对生活有掌控感，更自信，有成就感，有自豪感，宠爱自己。

情绪人不能自嗨，不能自我陶醉，要跟用户互动，关注用户的情绪利益点，用"信息"打动用户。

我 | 的 | 思 | 考

第6节

微信个人号主角要引领美好生活方式

用微信个人号打造私域流量时，我们要学会"贩卖"生活方式，"贩卖"想象空间，"贩卖"美好事物。因为我们运营的主角是有高势能的专业人士或老板，善于用内容调动用户情绪，因此主角和用户之间的关系是一种引领的关系，我们要引领用户过上更美好的生活。

美好的生活并没有统一的标准，引领的原则在于引起用户共鸣，可以包括多种元素，比如与家人在一起的温馨时光、做自己喜欢的工作、有独处时间、有朋友相伴、保持积极向上的生活态度、坚持锻炼保持健康身体、热爱学习、与书籍为伴、培养独特的兴趣爱好、善待动物、变得更美丽等。

每一天从清晨到日暮，我们的微信个人号所扮演的主角穿行在朋友圈的时间流里，串起一个个美好的瞬间，珍藏一段段美好的心情。

不美好是常态，但我们拒绝一切不美好的内容。

美好是稀缺的，每一个用户都希望得到，因此我们"贩卖"美好。

我们可给用户一个想象空间，主角要时常出现在用户面前为其提供走向美好的信息，要给他们丰富的想象空间，更准确地说，我们卖的就是想象空间。

由于我们跟用户之间的互动交流是通过"信息"实现的，而不是面对面对话，因此微信个人号私域流量池的运营者，必须要善于用"信息"营造想象空间，让人一看就有互动、购买的欲望。用户之所以会在没有拿到真正的产品之前就付费购买，是因为他买的是想象空间，想象着自己拥有之后的美好体验。

总结起来说就是，这个能够引领用户生活方式的角色，应该是具有建设性的、有合作精神的、尽职的、精力充沛的、有主见的、勤奋的、目的明确的、精通一门学问的、条理分明的、有方法的、客观的、守时的、明白事理的、踏实的、意志坚强的、健谈的、机敏的人。

第 3 章

案例
东青餐饮⊖与 5000 万
　　客户做微信好友

⊖ 为了保护商家信息，这里为作者取的代称。——编辑注

问题 1

你想过有 5000 万个微信个人号好友吗?

问题 2

怎样才能节省几千万广告赞助费?

问题 3

有 300 个微信个人号你会用来做什么?

问题 4

你如何应对用户在微信里对你的直怼?

问题 5

发朋友圈时有哪些东西不能碰?

问题 6

如何成为制造场景、调动情绪的高手?

问题 7

为什么要让微信好友参与共创"美好"?

问题 8

用微信个人号做餐饮服务有哪些好处?

1.

> 我 | 的 | 思 | 考

东青，中国餐饮的明星企业，2017 年收入 43 亿元，2018 年收入 56 亿元。

东青莜面村的特点很多：

你点菜，服务员会说：闭着眼睛点，道道都好吃。
你点完菜，服务员会给你一个沙漏，25 分钟内上齐。
你担心后厨，东青给你明档厨房，让你透过玻璃看厨师怎么做好一道道菜。
你爱看《舌尖上的中国》，东青就把黄馍馍和张大爷家的空心挂面签约引进每个店里。
你喜欢高大上，东青人就走进联合国，给联合国秘书长做莜面。
……

东青名气大，东青陈青龙的名气更大。

东青餐饮管理有限公司董事长陈青龙从 1988 年开饭店，1999 年进北京，开店 300 多家，每年进店客人 5000 万人次。东青陈青龙也成了中国餐饮界的一颗超级明星。

陈青龙曾经放下豪言，立志要开 10 万家店，让全球的每一条街道都有东青。

当然，再牛的生意人，也有自己的烦恼。

东青赞助一次马拉松、赞助一次春晚，每次都要花几千万广告费，还要发很多券，让大家进店消费。但是最后发现，在卡券核销的时候，要在店面做很多布置，因为这件事情，给店面带来了很大的麻烦，影响到了店面的运营。大家都知道，东青本来是不缺客人的，只是想做一个品牌营销，但是赞助带来的客人把净利润都搞走了，得不偿失。

陈青龙跟朋友们聊起赞助的烦恼，冯平就宽慰陈青龙说："陈总，微信应该可以玩得更好，你最好抽空来我这儿看看，我这儿是几百万人，你那儿可有几千万人。"

冯平和陈青龙几年前在一次企业家学习沙龙上认识，冯平的这句话，让陈青龙越想越兴奋。东青每年进店消费5000万人次，要是能把这5000万次都用微信个人号连接起来，东青该有多强大！

冯平从2012年做微信个人号运营，是中国最早做微信个人号系统化运营的人之一，她还开发了系统的运营工具，通过该工具可将230万个微信好友分布在2000多部手机上，7年里她亲自操刀为品牌创作了1万多条朋友圈，业内首屈一指。

陈青龙相信，既然230万微信个人好友都可以集中运营，东青的300家店至少也能加到几百万微信好友，自然也可以通过这种方法把自己的好友运营好，而且不用花钱做什么赞助了。

而在冯平看来，东青做微信个人号运营的价值远不止少花钱做赞助这一点。

"未来你要把东青开到每一条街上，那这一条街上的人都得是东青的微信好友才合理，要不然店开在哪里都不长久。"

认识陈青龙的人都知道他胆子大、爱创新，想好要做的事情，立刻执行。

很快，陈青龙就带着自己的队伍出发了。因为想让大家都意识到事情的重要性，东青派出了公司和分部的几乎全部高管，浩浩荡荡来到冯平的公司进行参观学习。当他们见到230万微信好友在2000多部手机上进行运营的场面时，他们震惊，没想到多个微信个人号还可以这样玩。

一旦眼界被打开，这些见多识广的高管们纷纷意识到，东青每年5000万人次的食客，不加成微信好友上实在是太可惜了。

"别人是门可罗雀,到处找人加不上,我们是顾客盈门,不知道怎么用。"

"若是咱们店里有几万微信好友,还愁什么!八月十五卖月饼,春节卖年货,都不是问题!"

"一年 5000 万人,哪怕只吸引到十分之一,咱们也是 500 万微信好友!"

"都说用户为王,要有这么多用户在微信上,我们东青也称王。"

让团队先学习,再启蒙,然后再思考东青该怎么做,这正是陈青龙想要看到的开局。

我 | 的 | 思 | 考

2.

快点,再快点,陈青龙迫不及待地想要让东青的微信个人号运营人员跑起来。

陈青龙:"冯总,你们经验丰富,干脆先帮我们代运营吧。"

冯　平:"不是代运营,是带领,我们先带着你们往前走,用两三个月帮你们熟悉整个流程。"

陈青龙希望,一开始先由东青莜面村的店长们来扛起连接食客的工作,他想要给店长赋能。当一个店长名下有很多粉丝的时候,这些粉丝又是基于对东青的认同,店长会觉得工作更有意义。

冯　平:"这就是互动激励。"

陈青龙："激励一个店长，就是激励几十上百个东青人。"

在陈青龙看来，"喜悦"是东青人的精神追求，东青承载着一群东青人生存的美好，只有人有"快乐生活"了，饭菜才能好吃，服务才能做好。

一线的 300 多个店长，每人手里的这个微信个人号就是连接并创造"快乐生活"的新工具。

东青有很好的口碑，所以店长加好友来非常顺畅。

当时他们做的活动是十块钱一串的羊肉串，如果客人想用一块钱买的话，需要加上店长微信。当然了，每个限购一串。

有了店长的微信，客人们觉得处理各种问题方便多了。有的客人觉得菜好吃，会发照片夸东青。有的客人急着走，就把钱通过微信转给店长。有的客人吃完觉得某方面不满意，也会将建议发给店长寻求解决。

店长们如果忙不过来，代运营的后台就会通过智能软硬件系统同步跟进聊天，及时提醒店长，前后共同协作。

陈青龙提醒店长们，每一次对话都要珍惜，因为每一句话都代表了一份信任。

冯平则根据多年的经验提醒店长，微信个人号的连接最直接，效率最高，速度最快，但店长们随时要有危机公关的意识，要第一时间处理客户投诉，尽量保证客户还在店里的时候就把问题解决。

有一次，客人在微信上给一位店长留言，说家里孩子吃饭时把勺子咬烂了，拼在一起发现少一块儿，很担心万一咽到肚子里会出问题。代运营后台马上将消息传达给店长，店长则马上赶到现场处理。

店长一边了解情况，一边安慰家长和孩子，并征求"要不要去检查检查"的意见，孩子当时无任务异常，而且经过向网络上的大夫咨询，确认基本不会有问题，家长一看店长态度也非常诚恳，也就不再追究了。

陈青龙也及时从微信个人号运营后台了解到了此事,他一直在观察店长的处理过程,能够第一时间掌握一线店铺与客户的互动情况,这让陈青龙很放心。

 我 | 的 | 思 | 考

"店长们也都知道我会在后台看,但我一般不干预,我相信他们一定能把情绪消化在店里,但事后必须改进,我们做餐饮的,就是要做好一件件小事,让客户督促我们不断改进服务。小事做不好,早晚出大事。"

通过这件小事,东青的后勤采买部门自我检讨,意识到餐具选用不合理问题,很快东青的儿童用勺都换成了硅胶材料,之后再也没有发生过儿童咬碎勺子的事情。

陈青龙坦言:"我们的微信号上都是小事儿,但微信是大事儿,事关企业发展大计,包括我在内,都要花心思学习,把微信学好用好。"

3.

无规矩不成方圆,冯平拿出多年微信运营的经验跟东青人讨论,希望帮助东青的店长找出挖掘、整理各个店亮点的方法。

"不要有错别字;
不要用很复杂的内容和数字;
不要谈论政治;
不要抱怨发牢骚;
不要苦情;
不要惊吓;

不要有点赞和评论之外的打扰；
不要跟客人争论；
不要群发；
不要只顾自己爽；
在朋友圈不要一上来就直接卖东西；
……"

立规矩，为的是根据微信个人号的特点，尽可能维护顾客的好感，否则，很容易因为一个小的细节问题被好友删除、拉黑、屏蔽，那样一切就前功尽弃了。

"品牌号跟你自己的号不一样，不能随心所欲，先要学会行为自律，不要自说自话，也不要说空话、废话。"

冯平第一次给东青店长内训，布置的作业是要求每个店长在店里拍一张照片，写一段文字。大家发过来的几乎都是东青的店铺门头照片和广告宣传语，冯平的批评也很不客气。

"别做广告，把自己忘掉，少吹牛。我们的饭菜是要让顾客满意的，而不是我们自己。要多关注顾客用餐的喜悦。"

第二次作业有了进步，开始有人发来合影，有人发来孩子们用餐时开心的笑脸。

冯平让店长们自己对比挑选，大家一致认为孩子用餐的笑脸情绪最饱满。

微信好友们也给出了同样的答案。不同的照片从店长的朋友圈发出去后，只有孩子的笑脸收获了最多的点赞。

"好的朋友圈，图片会让人眼前一亮，文字会让人心里一动，若是能调动微友的情绪，让他们看了人心头一热，那就更好了。"

"快乐生活"本来就是东青的价值观，有了店长的微信个人号，"快乐生活"终于有了最完美和感人的呈现，陈青龙如获至宝。

东青的店长开始发动每个店的员工随时随地捕捉餐厅里的各种"喜悦表情",员工们自己也更多地把自己的自拍、合影发给店长。很快,"喜悦文化"也影响到了顾客,顾客也开始把生活中的美好、喜悦瞬间通过微信分享给店长,店长通过微信会将这些传递给更多的人。

"我们跟顾客不仅要有交易关系,还要有情感关系,更要有文化的认同。微信个人号和朋友圈正是这些关系最好的纽带。"

"快乐生活"文化的高潮出现在 2018 年 2 月 14 日情人节的"东青亲嘴节"上,东青通过微信动员成千上万的人分享与爱人接吻的照片,并鼓励大家大胆说出"I love you"。

东青的最新 LOGO 主打"I love 莜",谐音就是"I love you"。东青的活动主题就是"亲个嘴,打个折",老公亲老婆,孩子亲妈妈,爷爷亲奶奶,闺蜜亲闺蜜,一家五口相互亲……一张张图片,一份份亲情,瞬间引爆互联网。

"东青亲嘴节"轰动全国,当天总客流量 16 万人次,微博阅读 4800 万,百度指数上涨 1180%,东青品牌的"I love 莜"深入人心。

"高级的朋友圈,要能带着你的微信好友走向他想要的生活,因为微信真的只是一种生活方式。"在带领东青人做了三个月微信个人号,即将放手让店长们自己运营的时候,冯平说出这句话,并希望他们一直记着这句话。

我 | 的 | 思 | 考

4.

陈青龙对于创新，永不满足。

东青店长的微信个人号还能做什么？陈青龙扳着手指头，在一个一个数：

（1）人越加越多；
（2）顾客都在自己手里；
（3）跟顾客交了朋友；
（4）引导顾客再次到店消费；
（5）及时跟进客户投诉；
（6）激励了店长；
（7）内容越来越好看；
（8）少印了很多 DM 传单；
（9）少花不少赞助费；
（10）顺便还能卖东青礼品盒。

数来数去，陈青龙觉得还不够，又提出一个新要求，让店长们思考："能不能给我们开的新店快速烘托人气，为新店提供源源不断的到店顾客，让每一个新店的人气长期持续高涨？"

2015 年陈青龙提出要做快餐，准备开 10 万家店，但到了 2017 年 10 月就被叫停了，耗时两年，东青燕麦面和东青麦香村两个快餐项目先后亏了 3000 万。

熟悉陈青龙的人都知道，说不定什么时候类似的计划又会卷土重来。

"陈总的性格就是这样，做不成就翻过重来。肯定不会因为这次做不成，下次就不敢再做了，每次都是越挫越勇。"

果然，在 2018 年，东青超级肉夹馍计划开始孵化，陈青龙重新调集重兵，再次挑战快餐行业。

东青莜面村的大店不愁流量,冯平的建议是,可以用大店的流量扶持超级肉夹馍快餐小店,每一个微信个人号都会成为超级肉夹馍快餐小店的实力支撑,这就是蚂蚁雄兵的力量。

从 2019 年起,东青未来三年,要冲 100 亿元营业额,值得期待。

我 | 的 | 思 | 考

思考点拨

问题 1:
你想过有 5000 万个微信个人号好友吗?

提示:一个微信最多可以添加 5000 好友,5000 万微信好友至少需要注册 1 万个微信个人号,企业拥有 1 万个微信并不算多。东青有 2 万多名员工,如果全员微信,就有 2 万多个微信个人号,完全可以承载东青每年 5000 万的客流量。问题是像东青餐饮这样的企业为什么不这样做?典型的原因是餐饮企业不缺客人,不缺流量,但他们缺乏想象力,他们想象不出拥有 5000 万个微信好友对企业品牌价值意味着什么。

问题 2:
怎样才能节省几千万广告赞助费?

提示:企业不能直接联系用户,只能去有用户的地方花钱做广告,如果想要省下广告赞助费,首先就需要跟用户建立连接,微信个人号是最直接、最私密、最个性化的与用户建立连接的方式。在企业的微信个人号私域流量池里，跟用户沟通不用花一分钱。

问题 3：
有 300 个微信个人号你会用来做什么？

提示：先把到店消费的人沉淀在不同的微信个人号上，每个号加上 2000 人，然后跟微信好友聊起来，用朋友圈内容吸引用户再次到店消费，这是要做的基本动作。再深入一步，则需要通过与微信好友互动了解用户需求，之后再做创新。

问题 4：
你如何应对用户在微信里对你的直怼？

提示：用微信个人号做服务的特点是直接、高效、快速，这对企业要求比较高。面对用户的批评建议，很多人都缺乏直面的勇气。微信个人号上的沟通方式，不同于面对面交流，用户的意见建议更直接。做私域流量要有更开放和包容的心态，把问题处理在微信个人号上，负面影响才会最小化。

问题 5：
发朋友圈时有哪些东西不能碰？

提示：对于这个问题，案例里直接介绍过。这里解释一下"不要有点赞和评论之外的打扰"这一点。很多人误解了用微信个人号打造私域流量的销售技巧，以为要多发朋友圈，多群发广告，其实这是对用户的打扰，会对销售造成极大的伤害。当然也不能完全被动等着用户来主动点赞、聊天。正确的方法是：主动给好友的朋友圈点赞和评论，这才能最大程度发挥朋友圈的优势，让用户有"被关注"的感觉，从而建立好感和信任，激活聊天，获得销售对话机会。这种主动发起的对好友朋友圈点赞、评论的销售模式，是其他任何私域流量打造方式都不具备的。

> **我 | 的 | 思 | 考**

问题 6：
如何成为制造场景、调动情绪的高手？

提示：在朋友圈这个特定的场景模式里，什么样的图片能让人会心一笑？什么样的文字能让人产生共鸣？如何通过描写、赞美和提问，把用户带入特定的场景，让用户产生美好的情绪体验，从而怦然心动？这些我们必须清楚。只有用户有话想说了，运营者才能抓住对话的机会与之深入沟通，这是微信私域流量运营必须具备的技巧。我们始终要明白，运营的是用户情绪，千万不要试图一上来就用几张图片、几十个文字就把所有问题说明白，并试图说服用户购买。

问题 7：
为什么要让微信好友参与共创"美好"？

提示：微信私域流量强调用户的参与，运营者要调动用户的眼睛、双手，甚至要调动用户的肢体动起来。参与带来的是对品牌的认同，特别是美好的事物更能吸引用户参与，运营者和用户共创"美好"是最好的用户体验。

问题 8：
用微信个人号做餐饮服务有哪些好处？

提示：最大的好处是，餐饮行业有大量的用户可以获取，而且获客成本很低，日常交流餐饮美食的话题也是最受人欢迎的互动方式，用户黏性有保证，因此很容易吸引用户再次到店，或者开展其他相关业务。目前已经有其他获客成本高的行业在瞄准餐饮行业，用异业联合的方式去餐饮行业为自己吸引用户，这样的方法可供参考。

总结

餐饮行业做微信个人号运营有天然的优势，比如用户数量多、消费频次高等，餐饮业老板要敢于直接联系用户，在提供好的产品和服务的同时，及时解决用户问题，这有助于企业节省广告推广成本，唤起老客户进店，销售电商产品，稳妥开设新店。

第 4 章

案例
打磨工匠精神，
他用两个微信个人号成功创业

问题 1
你的微信个人号一年能收入多少钱?

问题 2
为什么有工匠精神的人在微信上容易成功?

问题 3
怎样做才能让你的微信个人号对别人有用?

问题 4
为什么不能让员工用自己的私人微信加用户?

问题 5
老板如何通过员工把用户抓在自己的微信里?

问题 6
把重要用户拱手让人的老板犯了什么错?

问题 7
创业者如何用微信个人号提高创业成功率?

问题 8
如何通过微信个人号运营实现个人力量组织化?

1.

李小七一直说自己的微信号每个都值 55 万，这不是胡说。他有两个号，一年有 100 多万的收入，每笔收入都有记录。

第一次从微信上接到生意是一年前，那时李小七在上海郊区住，刚刚失业，正在犹豫要不要找下一份工作。微信上有人问，她的 PRADA 的包能不能修，李小七看了看包包的磨损情况，报了个价，500 元。没想到客人很快答应了。修好后交货，客人很满意，李小七趁着客人高兴就问："这是两年多前流行的款式，闲鱼上也卖不了 2000 元，为什么要修？"客人说因为是男朋友送的，很重要，所以无论多少钱都要修好。

李小七说：这就是"奢侈品护理"行业的特点。客人都是有钱人，再花一两万元买一件也没问题，之所以要修理护理，恢复原样，都是因为有一份特殊的情感在里面。

李小七修得最多的是男人的皮带扣，7000 多元一条的爱马仕，金色的皮带扣，用一年就会有划痕，在他手里一经处理，明亮如新。为了学会皮带护理这一技术，李小七跟着师傅学了一年多，烫边、油边、磨边、电镀、抛光，一件件手艺学下来，现在李小七已然是熟练的奢侈品护理工匠。

李小七的上一份工作是在一家上海高档别墅区内的干洗店打工，如果不是这段打工经历，李小七也不会有一个"一年值 55 万元"的微信号。

奢侈品护理是干洗店的一个高端业务，店里收来需要特

> **我 | 的 | 思 | 考**

殊修理的包包和鞋子，会交给干洗店公司修护部处理。李小七负责对接客人和修理师傅，经常要用到微信进行联系。

李小七记得很清楚，五年前的一个周末，一个男客人要出国，需要急用皮鞋，李小七在微信上催了一天工匠师傅，但因为工作太多，工匠师傅依然没有腾出时间。后来怕客人着急，李小七决定自己跑一趟。他给店长说明了情况，就跑到公司修护部，软磨硬泡，直到工匠师傅答应会赶工做完，李小七才把心放下来。

就在公司的修护部，李小七被震撼到了，几十个人，十几台机器，铁锤叮当声和砂轮的摩擦声，声音不大却清晰入耳，仿佛击打着李小七的心灵。他越看越高兴："我也要学这门手艺，学会了发展前景会更大。"

李小七高中毕业后，考了个职业技术学院，读了两年数控机床专业，大三实习就被当地一家机械加工企业录取。在那里工作并不累，只是重复劳动让人倍感枯燥，于是他干了一年拿到毕业证，便决定到上海闯一闯。

那是六年前，离开家的时候，爸妈一直劝他找一份坐办公室的工作，方便找女朋友。爷爷却一直劝他要学一门手艺，艺多不压身。

办公室也坐过，起薪低，自己租房吃饭都不够，更没钱谈女朋友了。换了三个工作后，李小七凭着数控机床工作经验和大学学历，找到了一份知名干洗公司设备操作员的工作。干技术活儿是李小七的兴趣，他没想到技术这么吃香，工资比坐办公室还高，这让李小七很高兴。

一个月的培训结束后，按公司用人流程，试用期两个月，李小七被分配到终端店铺，帮助干洗店操作店面干洗设备。

到店以后，李小七才知道，干洗店里人人都是多面手，不但要懂技术，还要懂业务。平时要帮着收件、取件、充值会员卡，两个月下来，李小七已经掌握得很熟练了，他当时甚至认为开个干洗店自己当老板都没问题。

爷爷劝他别毛毛糙糙，学手艺才是正事儿。

李小七一直记着爷爷的话，他觉得自己要学的这门手艺就是"奢侈品护理"。

我 | 的 | 思 | 考

2.

很快，李小七进了奢侈品护理手艺人的圈子。

公司的一次调岗机会，李小七主动提出可以去"修护部"，去管理修护部的十几台机器。

李小七在修护部一待就是三年，这三年里李小七有了自己"一年价值55万元"的微信个人号。

第一个微信好友加过来，是在李小七进修护部的第五天。当时一个在上海花园的干洗店遇到了解不开的难题。因为奢侈品护理对于干洗店来说是个小生意，所以对店员专业知识的培训不够，导致店员有时候分辨不出客人拿来要修护的奢侈品到底哪些该收，哪些不该收，此时就会直接找修护部进行咨询。

那是一个沉闷的夏日午后，店员打电话过来找顾师傅，问一个客人的LV包能不能修，客人在别的地方修过一次没修好，这次一定要问清楚。

顾师傅是公司修护部里资历最久、手艺最好、干了20多年的老工匠，能者多劳，顾师傅手里压的活儿也最多。

电话里，上海花园店的店员想要加顾师傅微信，拍张照片发过来给顾师傅看。但因为手里的活儿又多，顾师傅没时间处理，就招呼一旁正在摆弄机器的李小七："小七你接电话，加他微信，收张照片给我看看。"

在修护部当机器技术员的五天里，李小七一直在空闲时间偷师学艺，他很想找机会跟顾师傅说拜他为师，以便学学奢侈品修护的手艺。但一直没找到机会。这次他终于遇到帮忙的机会，李小七特别上心。

为了不打扰顾师傅，李小七指挥店员把LV包里里外外拍了十几张照片，特别是需要修复的地方。忙活了十多分钟，直到李小七确定都拍得很清楚了，才拿给顾师傅看。

顾师傅仔细看了照片，很满意，就对李小七说："你跟店里的人说吧，原样修复没问题，但需要800元。"

李小七初战告捷，他收获了顾师傅的好感，再也不用偷师学艺，可以光明正大地请教学习了。

顾师傅不愿收徒弟，大家都在同一个地方办公，想学想教都容易，俩人约定，李小七先从给顾师傅打杂做起。

打杂的日子，李小七没有轻视，他知道顾师傅忙，上了年纪也不爱玩微信，就主动当起了顾师傅的对外联络员。

一次公司组织店员培训"如何鉴别奢侈品修护单"，顾师傅主动说，有事微信沟通，你们可以跟我们修护部的李小七联系，他微信玩得好，有问题让他及时通知我。

当联络员，不仅能加上店员的微信，又因为各个店员们乐于把李小七的名片推给客人，让他帮客人直接解答问题。客人有问题可以直接联系他。

"这是我们修护部的李老师，你们有什么问题，可以直接问他。"

客人把李小七当老师，李小七也深受激励。为了对得起"老师"这个名字，李小七没少请教顾师傅。他最先学成的是"掌眼"的功夫：一件奢侈品，几眼就能看出来能不能修，需要多少成本，应该收多少钱。

有了这一手功夫，李小七可以很容易通过微信看照片、聊视频的方法，帮顾师傅给客人分析、报价,半年时间,他的微信上就积累了2000多个客人。

> 我 | 的 | 思 | 考

3.

上班第二年,在顾师傅的推荐下,李小七转岗修护部,成为一名真正的奢侈品护理"技师"。

成为手艺人是爷爷的心愿,也是李小七的梦想。

有好师傅带路的李小七进步神速,他很快就学会了几十种修护的手法。事后回想起来,他认为学会一门手艺不难,难的是怎么把手艺变成钱。要不是当初顾师傅无心插柳,让李小七代表他用微信对外联络,李小七也很难赚到钱。

李小七第一次从微信上收到钱来得很突然,但去得也很别扭。

某天晚上正在公司加班练习皮带扣的双色镀金,李小七的微信突然响起,是一个做投资的老客户介绍了一个朋友。家里宠物狗把她的一双皮鞋咬掉一块儿皮。李小七看了照片,觉得修好没问题,没想到很快就收到1000元微信转账。

"1000元不够的话,再说。"客人像找到救星一样,想立刻修好。

这让李小七犯了难,根据公司的规定,修护部是服务部门,不能直接收钱,自己要收了钱干私活儿会得不偿失。

"虽然我不能收钱,但我不想让客人知道我不能收钱,说多了怕人嘲笑我们不够灵活。"

李小七思来想去，只好问清楚客人的住址，建议他第二天起早就把鞋送到最近的干洗店。

"没办法，我只能撒谎说这样最快，且服务有保证，鞋修好了店员可以第一时间送货上门。"

转过头，李小七又给店员反复交代，客人付了 1000 元钱，要加急，修好以后务必给客户送货上门，然后把 1000 元钱转到了店里的收款账号，业绩只能算店里的。

因为是误打误撞玩微信，李小七并不知道，实际上他用微信个人号已经打通了商业上的最后一道壁垒。

一旦服务的提供者能直接拥有用户，交易可以畅通无阻，任何中间收取费用的环节就都显得很多余。

李小七并不懂这些，他只是觉得公司规定"维护部不能收钱"并不合理。

顾师傅听了他的抱怨以后，还夸他："我们做好我们的本分，有工资有提成，我们不要碰钱。"

李小七嘴上虽然不太同意师傅的观点，但他并没有说出来，他觉得自己没错。

从那以后，李小七把微信看得更重了，他的目标是做个真正懂奢侈品的老师，得到更多人的认同。

修护部每天修复的奢侈品很多，修复前和修复后差别确实很大，有非常神奇的对比效果。李小七开始学着用视频来表现这种神奇的变化，于是他反复练习拍摄、配乐、配文字的技巧，每天坚持把"对比作品"拍成 10 秒小视频发在朋友圈里，这经常能换来一群人的点赞和评论，夸他水平高。

李小七有时候也会说明他展示的作品不只是他完成的，还有部门其他人完成的，但好友们似乎并不在意，都把他当成是经验丰富的老师来请教，李小七也乐得自己当修护部的形象代言人。

2017 年，快手小视频开始火爆，李小七看到很多匠人账号受欢迎，自己也开始把视频作品上传，没想到也很受欢迎。

他的第一个微信个人号已经加满了 5000 个客人，李小七就开了个新的微信，让快手上对奢侈品修护感兴趣的人都加自己的新微信，一年下来第二个号也加满了 5000 人。

三年，两个号，各加满 5000 人。

李小七"一个号价值 55 万元"的好日要来了，那是一段悲喜时光。

> 我 | 的 | 思 | 考

4.

2018 年春节前，一向运行非常稳定的公司突然遭遇"地震"。公司老板把 2 亿多现金拿去做高息投机，资金链断裂，导致公司经营遇到困难。

李小七本以为没太多事儿，没想到春节一上班，公司通知裁员，集中人力物力维持收入最稳定的洗衣板块，盈利能力差的奢侈品"维护部"是第一批就要裁掉的部门。

李小七失业了，却因祸得福，带走了手里的两个微信号。

顾师傅很快就被其他公司请走上班了，李小七拒绝了顾师傅的邀请，他想自己创业。

客人有需求，李小七有手艺，微信上就能直接交易，此时公司的规定"维护部不能收钱"再也不是阻碍了。

对比一下，顾师傅手里只有手艺，没有微信，就只能继续打工；而自己手里既有手艺，也有微信上的客人，选择就会更多。

从 500 元钱修 PRADA 包开始，李小七心里有了底气。李小七从公司低价回收了几件修护设备，又带走一个新人学徒当助理，开始了自己当"老师"的创业路。

创业的艰难只有李小七自己知道，但通过微信朋友圈呈现在客人面前的内容却始终神奇，手艺人的魅力丝毫不减，这给李小七的个人品牌带来很大的生命力。

运营中，李小七发现，两个账号的气质完全不同，第一个号都是有修护需求的有钱人，每天平均能接 4~6 单；第二个号都是爱玩的年轻人，他们看着李小七的手艺不错，想跟着他学习。李小七干脆就同时开起了"奢侈品护理培训班"，每个学员收 3800 元，一年下来竟然也招了 15 期，学员 200 多人。

2018 年，包大师、皮皮班魔法工厂这样的奢侈品护理互联网平台开始热闹起来，加上传统的 58 同城，现在奢侈品护理技师也可以像滴滴司机一样，在各个平台上接单，提供服务了。

李小七有学员、有场地、有技术、有设备，2018 年年底他成立了自己的科技公司，并说服其中 17 个学员跟着他一起干，人人都是独立工作室。他们没有工资，只有提成，李小七提供设备和场地，利用各种平台接活，大家给李小七分成。

十多个年轻人在上海郊区的 500 平方米工作室里，一边学习一边工作，干劲十足，每天都是热火朝天。

创业一年，李小七来自两个微信号的净收入达 110 万，净利润超过 70 万，现在 17 个学员合伙一起干，照样是每人一个微信号。李小七上了一套运营管理工具，让助理帮着运营。

2019 年李小七的目标是 1000 万元。

思考点拨

问题 1：
你的微信个人号一年能收入多少钱？

提示：运营者的微信个人号一定要足够纯粹，只可以有已购买的用户和潜在的用户，不要有闲杂人员。在纯粹的前提下，一个 5000 好友的微信个人号可以很轻松核定出可能收入多少钱。比如按照一年一次的复购率计算，平均每次消费 100 元，一个微信个人号一年应该收入 50 万元，这不是高标准，人均 100 元只是最低值。

> 我 | 的 | 思 | 考

问题 2：
为什么有工匠精神的人在微信上容易成功？

提示：三百六十行，行行出状元，做一个行业里的顶尖高手，朋友圈多展现专家级别的作品，更容易获得用户的信任，产生交易。正如"一万小时定律"，几年如一日专注于一件事，并且传播得当，更容易让用户信服。因此工匠精神，最适合通过微信个人号打造流量池了。

问题 3：
怎样做才能让你的微信个人号对别人有用？

提示：有了匠人、专家的角色定位以后，要用好朋友圈提问。专家喜欢在朋友圈里表达长篇大论，卖弄"有用"的知识。用户上滑翻看朋友圈，一秒就能翻过去好几个人，太长的内容他们根本不会看，故不能发布过于复杂的内容，而是要以抓住用户眼球，吸引用户参与为主。因此把知识变成短小精悍的提问，在用户参与后，用朋友圈的公开评论回复，才能把朋友圈变成高效率的"有用信息"传播平台。如果用户需要进一步解答，可以再配合上微信私聊。

问题 4：
为什么不能让员工用自己的私人微信加用户？

提示：让员工用私人微信个人号加用户会造成用户流失。用户流进了员工自己的私域流量池以后，企业很难再从一个私密的圈子里把用户找回。企业可以鼓励员工多用微信，但应该是企业提供手机和微信，不是员工个人自备。

问题 5：
老板如何通过员工把用户抓在自己的微信里？

提示：员工是公司通过微信个人号打造私域流量体系里最重要的一个环节，老板可以要求员工在一线跟用户接触时，争取把每一个到店的用户吸引到公司的微信个人号上，这些账号的头像可以是老板自己，也可以是公司指定的服务人员。为此老板可以设立奖励机制，添加一个好友奖多少钱，通过微信完成一次成交奖多少钱。

问题 6：
把重要用户拱手让人的老板犯了什么错？

提示：把用户丢掉了，等于把业务丢掉了，把收入丢掉了。如果你是老板，一定不能犯这样的错误，让员工从工作中连接更多用户，这将是公司的重要资源。

问题 7：
创业者如何用微信个人号提高创业成功率？

提示：用好微信个人号是创业者在创业前的必修课，如果有利用微信个人号获取用户的方法，如果有在微信个人号上服务用户的经验，则创业成功率会更高。

问题 8：
如何通过微信个人号运营实现个人力量组织化？

提示：做微信个人号运营时，个人化与组织化是一对矛盾体。要利用个人化的优点，做好组织化的运营，建立企业组织化的运营系统。可以用制度约束员工，也可以用合伙人的方式与员工签订合同，全员参与为用户提供服务，全员共享微信个人号流量池的红利，让个人理性上升为组织理性，让老板个人重视变成职业化团队全力运营。

 我 | 的 | 思 | 考

总结

李小七是幸运的，他的幸运是因为他老板犯的错，希望你不要做那个犯错的老板。当老板的人，一定不要忽视微信上的用户，微信个人号的客户关系管理系统远比传统的手机通讯录或会员系统方便和实用。人人都在微信上，老板的生意也必须跟着用户迁移。

第 5 章

案例
老板甘当微信助理，
管好 1000 名网红主播

问题 1

如何用 1000 个模特实现直播吸粉？

问题 2

从直播往微信加粉报什么号码最好？

问题 3

直播带货如何发挥微信个人号的威力？

问题 4

运营者为什么不能迷信微信群？

问题 5

集中 20 万微信好友捧主播会有什么好处？

问题 6

直播带货为什么不能天天卖？

问题 7

多跟商家合作进行推广有什么好处？

问题 8

用微信个人号培养网红如何用好三级火箭？

1.

郑立是个赚快钱的老手，别看他是个 1993 年出生的小伙子，在杭州打工已经 6 年了。

杭州有阿里巴巴，是电商人的圣地。郑立上班的公司也是杭州电商圈子里的，他们为电商企业提供模特拍照服务。郑立一直负责对外联络，手中有大量美女帅哥的资源。

杭州的模特拍摄效率之高，让人咋舌：一个模特平均半个小时能拍 6 套衣服。只要公司准备好物料、道具、场地，平均每天能给 100 多个品牌完成拍摄和出图。

模特来了就拍，拍完就走，每天 100 单，一单一结。郑立手脚利索，赚快钱赚得很开心。

"平时有业务联系的模特有 1200 多个，大家效率都很高。平时跑场子累了，休息时他们也会跟我说，要不要一起玩玩直播。"

2017 年，公司老板提出要深度挖掘模特资源，于是成立了一个新公司，让郑立负责，专门做直播。

"计划是以淘宝直播为基础，再去其他平台培养几个网红。网红在淘宝带货也需要流量，淘宝直播里没那么多流量。"

公司特意去申请成为淘宝官方认可的直播机构，主要帮助天猫和淘宝店铺直播，每天帮店铺直播 8 个小时，可以收服务费，也可以拿销售佣金。

"这是一个不错的生意，上千个模特，既能在其他平台直播赚流量，又能在淘宝上直播赚钱。关键是要往其他平台上投资，这是一笔不小的费用。"

郑立说的其他平台，包括抖音、快手、斗鱼、花椒、陌陌等。捧红一个主播，上 App 的首页推荐，需要人气，这需要一大笔投入。郑立每天为此都要花几千元。

郑立算的账很清楚，1000 人中能捧红的也就 100 多人，捧红一个人需要公司砸钱 5～10

万元，投资额度这么大，怎样快速收回成本是关键。

2017年10月，1000多个主播账号同时推一款时尚保温杯，几天一共卖出去12 000个，收入100多万元，毛利50万元。这让郑立看到了快速赚钱的希望。

"我们以为找到了发财的机会，很快就开始推第二个、第三个，但效果都不好，吓得我们赶紧复盘找原因。"

原因很快就找到了，郑立一点都不意外。

"就是因为第一次卖保温杯的时候，主播们都转了微信朋友圈，有的转发了直播链接。你想吧，一个人能吸引十个人看就至少增加一两万人，但后来两次，很多主播都没转微信朋友圈。"

为了验证自己的推测，郑立做了第四次尝试，卖明星同款防雾霾口罩，公司安排了详细的微信朋友圈推广方案，目标是每个主播动员100人观看。

"原价350块的口罩，特价99元，限时限量2万只，当天就全部卖完了。我们发现，只有微信能打通所有直播平台，大家都欢迎来自微信的流量。"

 我 | 的 | 思 | 考

2.

微信个人号能让不同平台上的主播紧密联系起来，1000多个松散的主播成了为一个整体，郑立期待着能充分利用微信调动主播们的积极性。

"不是一个人直播,就自己一个人转发微信,而是一个人主播,1000 多个人一起帮他转发微信。"

想法是不错的,但 1000 多个主播,1000 多个微信,郑立想要都管起来却没那么简单。

"好多主播们不愿意配合。有人就说,那是我的私人号,都是亲朋好友,推荐一两次帮帮忙可以,天天给公司转发不合适。"

郑立到处请教哪里有同时管理 1000 多个微信号的方法。他通过朋友介绍找到冯平,当他看到冯平的团队 30 多个人维护着 2000 个微信号时,顿时感觉找到了救星。

郑立:"我们公司有 1000 多个主播,他们手里的微信个人号能不能一起管理起来?"

冯平:"不要太贪心。用主播自己的号,不如你让主播帮你做一批你自己的号,这样使用起来方便,你能说了算,更重要的是这些账号是你的,里面产生的价值长期都是公司的。"

这是一个方向性的改变,这不再是"玩短线、赚快钱"的套路。郑立坚信做微信个人号运营的价值,所以决定先把之前打造的 20 个微信号分给 20 个主播使用。

"一开始加上来的人都是冲着主播来的,啥人都有,聊天的内容乌烟瘴气,搞得我们特别郁闷。"

郑立发现,直播平台的优点是粉丝数量多,缺点是粉丝质量差。各种人加了主播以后,只是天天发骚扰信息,严重偏离了郑立最初的设想:让更多的微信好友为直播积累人气。

"我们搞会员粉丝群,加到群里的人,安静不了两天就开始吵架,最后我们没办法把群全部解散了。这要是管理 1000 个微信号,早把我们弄崩溃了。"

连 20 个账号都玩不转的郑立,只好再次向冯平求助:如何从 20 个升级到 1000 个微信个人号?

郑立:"乱七八糟的好友怎么管才好?"

冯平："好友加上来，就是要找主播聊天的，这是人家的需求。你又不是主播，你是公司，只想让好友帮你传播，你们两边的需求不在同一个点上，所以你们都别扭。"

郑立："看起来不能直接让粉丝因为主播加进来。太容易得到的微信好友，大家就不珍惜了。粉丝和主播之间得有个人来连接一下。"

冯平："调整好角色定位，慢慢来，不要急，你们有主播、有流量，不要怕微信个人号做不起来，1000 个号不是问题，关键要做对。"

郑立和团队深入讨论后，决定统一推出"主播助理"的微信号，帮助主播安排各种形式的粉丝见面会。微信个人号从 20 个上升到 100 个，第一批先帮助 100 个配合度高的主播建立助理账号，帮助其打理各项杂事。

"主播有了助理，让我们的主播一下子就轻松了。而且我们发现，只要搞粉丝见面会，主播们就可以顺理成章地在直播里推荐助理的微信，由助理们来安排粉丝见面会。"

一句"有事可以找我的助理"，成了网红主播们的口头禅。通常一次粉丝见面会，能加上来两三千人，半年时间 100 个号就加了 20 多万来自不同平台的微信好友。

主播助理们代表公司连接主播和粉丝，忙前忙后筹备活动，给粉丝们带来福利，很快成了公司中非常招人喜爱的角色。而善于营造神秘感的郑立，经常出现在不同主播的粉丝见面会上，宣布自己就是那个主播助理。

> 我 | 的 | 思 | 考

"我和主播们之间都很默契，他们会捧我说我是他们的老板；我会捧粉丝，说老板给主播们当助理，就是为了给粉丝们提供更好的服务。"

3.

当上了主播助理的"总舵主"，连接了 20 多万微信好友，郑立喜欢赚快钱的野心立刻又膨胀起来。

"我觉得微信个人号特别神奇，不同主播的粉丝，相互之间不在一个微信号上，他们相互之间都不认识，但我都认识，我可以让他们同时帮我去做同一件事。"

有了 20 多万粉丝，一次性调动 20 多万人转发直播链接，是郑立感觉最爽的一件事。

"这可真是省钱。以前我们想引爆哪个平台哪个主播，要花很多金钱和精力，现在只需对这 20 万人说一句'我的小师妹，请帮忙转发'，就能把她送上首页推荐。你想想 20 万人的力量，每人转一下并带来 10 个人看，可就是 200 万人，就算只有 1% 的人来了，那也有 2 万人。"

郑立的公司很快就成了远近闻名的"网红工场"，很多年轻人慕名而来。新人可以给天猫店做平面模特赚点小钱，也可以做直播当网红赚大钱。

"网红行业竞争特别残酷。有时好不容易培养起来几个，他刚有点名气撒腿就跑了，经纪公司竹篮打水一场空。我们不轻易做大号，都是小网红，人数多，把力量聚集起来，用微信个人号一串联，谁跑我都不怕。"

郑立精明的小算盘打得噼里啪啦响，钱也赚得明明白白。他先后推出的三款网红产品，每一款都能通过直播卖出百万元的销售额。

"大老板一直想让我多卖点爆款网红产品。我一直想跟老板说，我们要卖的是服务而不是产品，直接向粉丝卖会员，我们收会员费。"

在郑立看来，不能卖会员的网红不是真正的网红。有了会员，主播才能成为网红，未来才有机会成为艺人。用了一个月时间，郑立旗下一共有 85 个主播，总共收了 2700 个会员，每个会员收费 299 元。

"尝试完全失败，我们的目标是 20 万会员，实际完成率只有 1%，看起来会员这件事，时机并不成熟。"

为了迅速了结失败的后遗症，郑立决定向每个会员发放两份会员专属的、由主播签名的定制"爆款产品"，没想到很受欢迎。

"玩会员这一把，收了 20 多万元，花了 30 多万元，最后肯定是赔钱了，但也不是完全没收获，我们发现可以卖主播定制产品，附加值更高。"

2018 年双十一，郑立与 100 多个天猫商家签了合作合同，为 300 多个主播推出了 1200 款主播定制款产品。主播变现方面全面开花，一个双十一，销售额超过 3000 万元，除了主播的分成，公司可分配的毛利有 320 万元。

"我们有一个主播就可以绑定一个店铺，人店合一，我们给店里服务，大家都有钱赚。以前是有啥货我们卖啥货，现在我们卖的都是自己主播的定制款。"

双十一过后，郑立和团队重新梳理了自己的服务能力，坚定了"不做 to C 服务，不收粉丝会员费；做好 to B 服务，收取店家的服务费和分成"的服务宗旨。

"我们专门挑那些没有直播能力，也没有微信粉丝运营能力的天猫店铺，用我们的主播和微信个人号粉丝为

我 | 的 | 思 | 考

他们提供服务。我们给店铺带来直播流量，也从店铺拿走新的微信粉丝，大家都越做越大。"

2018年双十二，郑立复制双十一经验，又签下50多个京东POP店推"主播定制款"，让50名新主播同样一次为京东引流，总销售额370万元，虽然业绩并不理想，利润也不高，但这锻炼了新人，活动过后平均每个主播加了500名微信个人号好友，这已经让郑立很满意了。

"现在我们一般看两个指标，一个是钱，一个是加好友数量，只要能占住一头儿，就值得干。"

4.

给商品当模特拍照赚钱；直播平台打赏赚钱；卖主播定制款产品赚钱；给店铺提供粉丝服务赚钱。

两年时间，郑立把主播网红行业能赚钱和不能赚钱的路子都蹚了一遍。

"我喜欢培养小网红，小而美。我经常劝他们，别老想当大明星，市场变化太快，抓住一个平台，就快速运作一轮。"

跟其他吃青春饭的行业一样，主播这个行业人员流动性太大，不是被市场淘汰，就是自己翅膀硬了单飞了。郑立没办法，只能靠数量取胜。两年前1000多个签约的模特里，现在已经只剩下一半了，真正能做成主播的，也就300多人，好在想入行的人越来越多，郑立始终都能找到合适的好苗子。

"多亏我们用微信个人号搞了主播助理，现在最稳定的就是主播助理这个岗位，一个人管10个主播，助理们会去主动挖掘和发现新人。"

郑立公司的"网红修炼术"效率很高，助理们用各自手中的微信个人号推新人，新人从当模特、上直播、推爆款到加好友,一个个流程走下来,值不值得培养,三天时间就能见分晓。

"我总结了三级火箭方法,第一级火箭靠助理手中几万个微信好友的力量,第二级火箭靠主播们在平台上的煽动性,第三级火箭靠平台上吸引来的那些微信粉丝的推荐能力。三级火箭少一个都火不起来。"

很多主播给郑立提建议:希望公司自己开一个天猫旗舰店和一个京东旗舰店,专门卖主播们的定制产品。这让郑立很纠结。

"做电商不是我们擅长的,进货、备货、压货,我亲眼看着身边很多电商老大都在压货上赔了钱。我觉得我们没有电商基因,我们还是要坚持做好商家服务。等我们有百万微信好友后,没准我们会联合一个有实力的商家开个微信店铺,现在我觉得还不到时候。"

也有主播助理提出来不开店,不备货,只做分销,比如加入唯品会分销平台——"云品仓",这些建议同样被郑立拒绝。在郑立看来,大平台的吸附力太强,给平台做分销,相当于给巨无霸输血。

"我们不能给别人输血,我们血量太少。我们能不断自循环,沉淀微信好友,不断强壮自己,就已经很了不起了。"

如今,40多万微信个人号好友在手,喜欢赚快钱的郑立正在试着稳定收入。

我 | 的 | 思 | 考

思考点拨

问题 1：
如何用 1000 个模特实现直播吸粉？

提示：手中有资源的经营者一定要想办法用资源去开放平台吸引流量，把平台流量沉淀在微信个人号流量池中。这是一个放大、优选、提纯的过程，否则机会转瞬即逝。如果有 1000 个模特，可以用在多个直播平台，通过模特直播造出上百个微信个人号，获取上万名甚至更多微信好友。

问题 2：
从直播往微信加粉报什么号码最好？

提示：直播主要靠语音来报微信号，若微信号里有英文字母，说出来容易引起歧义，如 G 和 J、D 和 B。相对来说报数字不会引起歧义，但是手机号 11 位太长不利于快速记忆，因此选择播报短位 QQ 号，把 QQ 号与微信绑定，这是最好的方式。除了直播，在其他场合，也推荐用短 QQ 号来吸引别人快速记忆并添加微信个人号好友。做微信个人号运营，建议使用五位或六位 QQ 号。

问题 3：
直播带货如何发挥微信个人号的威力？

提示：用微信个人号在直播前和直播中间进行多次预告，比如转发朋友圈，或挖掘亮点与好友一对一私聊通知。注意，不能无缘无故打扰用户。这一操作的要点是：平稳持续，不要玩短平快，要保持持续增量。因为直播平台对于用户持续增长的主播提供了更多的展示机会，展示多了就可以吸引更多平台的流量进入直播间。直播中，应往微信个人号转化添加好友，把平台上有购买意向的人区分出来，再利用微信个人号与之沟通把购买意向转化为实际的购买行为。

问题 4：
运营者为什么不能迷信微信群？

提示：已经成为微信好友，再把好友引入微信群，这其实不利于一对一私聊转化。运营者也没有必要让用户在群里相互认识，若用户彼此认识之后聊起运营者的坏话，对品牌是一个伤害。同时大群的管理难度大，出现黄赌毒或广告等内容，对群生态是更大的伤害。

问题 5：
集中 20 万微信好友捧主播会有什么好处？

提示：运营者手中的 20 万微信好友是催化剂，可以帮每一个主播在直播时带来持续稳定的流量，点燃平台流量，让主播成为平台上的流量明星，快速捧红一批主播。

问题 6：
直播带货为什么不能天天卖？

提示：公开直播平台上的主播，能吸引用户的主要是才艺，也就是靠内容取胜。用户来的目的不是买产品，因此主播带货只能偶尔为之。主要的玩法是不断制造神秘感，蓄积能量，一次性引爆，保证每一个单品的销售效果。

我 | 的 | 思 | 考

问题 7：
多跟商家合作进行推广有什么好处？

提示：天猫商家自己的平台上，也有不同来源的自然流量和推广流量。不断跟商家合作可以扩大自己的流量来源，让不同商家不同来源的流量转化为我们微信个人号流量池中的流量，从而不断夯实自己的基础。这是跟商家合作的额外收获，也是重要收获。

问题 8：
用微信个人号培养网红如何用好三级火箭？

提示：一级火箭靠自己手里大量的微信好友推荐转发，二级火箭靠主播的个人魅力吸引平台流量，三级火箭依靠新增的微信个人号好友的推荐转发。

总结

无论是用网络直播直接卖货做 to C 的零售，还是用直播给商家提供 to B 服务，都要有自己的独门武器。主播是一种武器，有上百个微信个人号和几十万微信好友更是秘密武器。打造网红主播，把流量转换到大量微信个人号中，再用大量微信个人号捧红主播，就会形成商业闭环。

PRIV

CUSTO

03 第三部分

用户获取

第6章

用户获取的
原则和方法

第 1 节
力求精准用户,避免泛流量

第 2 节
选好主战场,适当吸引潜在用户

第 3 节
舍得花钱圈用户,获取微信个人号好友

第 4 节
善于主动出击,打劫流量

第 5 节
尊重微信规则,坚持被动添加

第 6 节
百川归大海,微信个人号是终极目标

第 1 节

力求精准用户，避免泛流量

微信个人号私域流量运营的第二步是：利用定位好的角色获取用户，也就是为微信个人号增加好友。

运营者可以从零开始，设计全新用户获取的策略，但更多的是要在现有的经营基础上，把原来散落在不同渠道的成交用户变成微信个人号好友。这需要运营者有清晰明确的用户获取意识，有效的用户行为获取一定是先从成交用户开始。

很多运营者成交的用户都是沉睡资产，这些人沉睡在手机号码里，沉睡在会员系统中，运营者要用微信个人号唤醒沉睡用户，这些成交用户都是无价之宝。

唤醒成交用户的技巧：可以先发短信，再打电话，而且一定要设计一个唤醒的理由，比如"老板亲自做用户回访""送新品体验福利"，用户经过几年的洗礼，对于加微信 3 元、5 元的红包已经很熟悉。除此之外，可以提醒用户加微信并在朋友圈做评论、晒好评就有机会参与抽奖，得奖的发 500 元、200 元红包，不得奖的送满赠券等。

如果运营者有店铺，无论是线上商城还是线下店铺，都要注意把进店用户变成微信个人号好友，这是基本工作。不要舍本逐末，不要把时间和精力浪费在盲目开拓新用户上。

运营微信个人号私域流量时提倡精细化运营，用户越精准越好，从成交用户和进店用户入手，成功率会更高。

当我们强调用微信个人号来运营私域流量的时候，我们必须把用户专用的微信个人号与我们的私人微信号彻底分开，尽可能保证运营账号上只有成交用户和潜在用户，不要把自己亲朋好友放在一起，保证用户的纯粹性。

第 2 节

选好主战场，适当吸引潜在用户

 我 | 的 | 思 | 考

从零开始的运营者，要策划好自己获取用户的主战场。

我们把新用户获取的主战场先分为线下和线上两类。本节先说线下如何吸引潜在用户，以做现场活动为主。

做现场活动的主战场可以选择大型商业中心、超市、景区或者社区居民中心等人气高的场所。传统的现场活动常常以直接销售特价产品为目的，但是对新品牌用户认知度低，成交难度大，不如把目标调整为以添加微信个人号好友为主，把成交主战场放在微信个人号上。

一场现场活动可以持续一到三天。如果想要拉长活动时间，可以尝试开一到三个月的快闪店，这种线下用户获取的方法的优点是灵活性强，用户一次性获取，长期受益，免去了长期开店的各种成本。

线上获取新用户的主战场要围绕不同的线上平台展开：百度更适合服务型产品，卖货就要选天猫、淘宝、京东、拼多多、唯品会等电商平台。相对来说，百度、天猫、淘宝、京东都需要商家有专业的运营团队，做专业的店铺运营。新手开店，都有一个摸索的过程，相比较来说，商家为电商平台供货，是一个可以尝试的选择。新手商家如果愿意接受类似于拼多多这样的平台以低于成本的价格进行销售，就可以把目标锁定为"以货为媒"，为自己蓄积微信个人号私域流量，最终绕过平台，直接跟用户交易。

手中有货却发愁销路的商家很多，也有人希望通过微商"起盘"。于是他们找到微商小代理，把货铺出去。微商"起盘"费用并不低，更重要的是，用户都在微商小代理手里，卖货的商家看不到也摸不到，故我们不建议商家用这种方法。

无论用户获取的第一场战斗从哪里打响，最终都要从不同的战场上转移到微信个人号上。

第3节

舍得花钱圈用户，获取微信个人号好友

不同的行业，获取用户的成本也不一样，作为老板，要有足够的预算用来做"用户获取"。传统的服务行业，以民营医院、美容整形、出国留学、婚纱摄影等为代表，获取一个进店成交用户的成本达几百元，有些甚至达两三千元，大家都在抢用户，抢来抢去，老板们会发现，还是抢到自己的微信个人号上最安全。

如果你要开一家实体店，除了房租、工资、装修、进货等费用外，一定要有足够的预算来圈用户，把周边五公里内的用户都圈进你的微信个人号里。

生意不好的原因也许并不是你的位置不好、产品不好，主要还是你手里的用户少。按照获取一个用户10元计算，5万个用户要花费50万元，很显然，任何一个店铺有5万用户支撑，生意一定会兴旺。

问题是，会有多少个老板愿意这样做？

其实这件事完全没必要纠结，毕竟获取一个用户花10元，已经很划算了，花钱为自己建一个微信个人号私域流量池，确实是最划算的生意。

仔细算算账：在每一个用户身上花10元也做不了太多事，请人在周边店铺做地推要花钱，送小礼物要花钱，到店打折也要核算成钱。因此备足预算，新店开业之初就获取三五万用户是高明的经营之道。

电商行业是中国互联网商业化起步最早的行业，也是市场最成熟、竞争最激烈的行业。随着巨头的形成，流量获取越加困难，获客成本居高不下，就连新崛起的美团外卖平台、抖音小视频平台，想要获取流量也要花钱。因此为了不花冤枉钱，

为了让一次性花的钱带来长期的效果，再增加一些小预算把线上平台引流的新用户留存在微信个人号流量池，是明智之举。

还有很多花钱做广告推广微信公众号二维码的企业，他们也可以考虑变换思路，推广微信个人号。无论是宣传品牌还是销售产品，微信个人号的效果都很好。为了避开个人号 5000 人的限制，可以采用多个号分时段分区域投放广告，这个方法推荐大家拿来一试。

我 | 的 | 思 | 考

第 4 节

善于主动出击，打劫流量

流量运营不能被动等死，要主动出击，"打劫"流量。

开在街头的店铺，要主动出击，把整个街区商圈的流量变成自己的微信个人号流量。比如，一个卖化妆品的小店，两年时间在整个城区添加了 3 万多女性用户，生意从门可罗雀发展到顾客盈门。

开在购物中心的店铺，要想办法撬动购物中心的管理层，可用一年两次的活动把整个商场的流量拿到手里。可用几天时间在商场做一个展览活动，争取拿 20 个微信个人号加上 4 万微信好友，这些人中大多数都是有很强购买力的高净值用户。

所有人群聚集的场所，如公园、广场，都可以推广微信个人号。比如，一家网上卖老年保健鞋的电商，曾用一年时间在 200 个城市发起针对早晨跳广场舞大妈的地推，加满 100 多个微信个人号。

餐饮行业流量充沛，可以发起异业联合，进军餐厅，用送券方式，把客人吸引过来。比如，曾有一家卖零食的企业半年时间加到 5 万多餐厅微信好友，一年内成交率达 30%。

流量不仅可在特定的区域，同样也可在特定职业的人身上，一个卖珠宝首饰的企业，专门去购买各个商场导购的微信个人号，一次就获得了成批量的微信好友。

越来越多的"斜杠青年"，在上班期间把用户添加在自己的微信个人号上。离职或换岗时，会造成严重资源浪费。一家高端连锁企业的竞争对手专门挖这些员工，薪水高低由手里有多少微信用户决定。流量"打劫"和"反打劫"，已经成了企业间的斗争。

第 5 节

尊重微信规则，坚持被动添加

尽管微信个人号流量池的运营有诸多优点，但不要对它抱有太多幻想，最普遍存在的幻想就是"一次添加大量好友"。

在微信早期，曾经出现过"机器自动打招呼添加好友""模拟地理位置添加好友""微信炸群自动添加群好友""快速拥有百万微信粉丝"等神话，如今这些神话早已不复存在。

微信官方不断调整完善自己的规则，采用了暂停使用、封号、永久销号等处罚措施，处罚的基本原则就是"对用户友好"，保证用户不受打扰。

传统流量运营思维就是"一次添加大量好友"，然后进行广告轰炸。现在必须放弃这种做法，一定要尊重微信的规则，坚持被动添加，不要主动添加。2019 年，已经出现因频繁打招呼，只添加了一个好友就被封号的案例。在规则越来越严及在用户获取上的情况下，坚持只做被动添加越来越重要。

一个微信号，每天被动添加的上限是 500 人，连续 4 天就可以加 2000 人，这时候就可以停止换新号了，因为 2000 微信好友在后期运营中每人推荐一两个新好友过来就会加满 5000 人，因此要给用户裂变腾出相应的位置。

如果觉得 4 天时间获取 2000 人还是太慢，可以一次投放多个微信个人号，分区域做用户获取。如果一次投放 100 个号码，一天就可以加到 5 万人。

微信个人号好友的数量很重要，但这并不是唯一决定成功的因素，与微信好友的互动，使其购买、复购也同样重要，运营者不要仅痴迷于好友数量。

我 | 的 | 思 | 考

第 6 节

百川归大海，微信个人号是终极目标

千万不要让微信个人号的运营跟企业此前已有的运营方式对立起来。微信个人号私域流量强调用户获取，既不是要放弃传统，也不是要颠覆传统，而是要集中力量来提高效率。

企业有线下店，有公众号，有小程序，有 PC 网站，有 App，有网上店铺，在不同的经营场景里有不同的与用户沟通的工具和方法，只有微信个人号可以把所有不同领域、不同场景、不同工具上的用户统一起来。

微信个人号在流量世界里处在最低处，所有渠道的流量都可以流进来，百川归大海。

企业运营微信个人号的终极的目标是将打造流量池上升为战略，企业内要建立专门的微信运营部门，配备内容创作人员、活动策划人员、在线销售人员等，运营成百上千部手机，与数万、数十万乃至数百万用

户互动沟通。这样的案例层出不穷，正在成为一种新趋势。

如果一时难以做到，也可以尝试把微信个人号流量池作为一种战术工具，尝试着先把一部分用户放上来，采用小步快跑的方法，不断迭代升级。

根据腾讯发布的报告，从2019年开始，互联网用户特点发生了一些新的变化，必须引起运营者的注意。

（1）中国的移动互联网正在向新板块迁移，在一二线城市及18~40岁的核心用户中，互联网红利日渐稀少。

（2）老年网民增幅比我们想象得更快，不论是规模还是消费能力，老年网民都有可能是未来红利中最大的一个板块。

（3）五线以下城市及农村是互联网新的热土，那里的年轻人同样习惯了熬夜，有很多需要填满的时间。

（4）母亲身份网民群体扩大，消费导向从女性向孩子转移，这给互联网母婴、教育领域带来更大的利好。

（5）移动支付的全面普及，将线下零售高效接入互联网体系，整个市场将进入线上线下一体化新阶段。

未来商业，已经不存在绝对的线下企业，真正的线上线下一体化新阶段的到来，不需要复杂的工具，微信个人号是其中最简单的选择。

第 7 章

案例
实体店铺地推，
获客 3 万年销 700 万元

问题 1

开店为什么要留一半预算用于获取微信好友?

问题 2

不进店的人为什么比进店的人更重要?

问题 3

如果不会发微信朋友圈可以抄别人的吗?

问题 4

为什么店主一定要出镜与用户多拍合影?

问题 5

为什么微信生意成功以后再去开新实体店不是好的选择?

问题 6

微信运营的员工为什么要定期轮换岗位?

问题 7

聊天和添加新好友到底哪个更重要?

问题 8

微信朋友圈里要不要帮好友发广告?

问题 9

你的微信员工能达到一年 20 万元销售额吗?

1.

> 我 | 的 | 思 | 考

笨，是小钟妈妈说他常用的词。

笨笨的，是小钟女朋友说他常用的词。

我不笨啊，是小钟自己每次的辩解，但并没有底气。

18岁的小钟读完高中就在县城打工，卖化妆品一口气卖了8年。

妈妈说他笨主要是因为8年了，每年都挣不到钱，春节回家囊中羞涩，也不想着换个工作。

女朋友说他笨笨的主要是因为8年了，每天在店里见那么多美女，都没谈上个女朋友，他俩也才刚刚好上一个月。

小钟辩解自己不笨是因为8年了，他别的都不懂，只懂化妆品这一件事，他知道想要养活自己只能在县城卖化妆品。

小钟找到了女朋友，就开始动念头要开化妆品店，他管进货花钱，女朋友管卖货收钱。

2014年春节过后，山东省潍坊市的一个小县城里新开了一个商业区，小钟和女朋友就把化妆品店开在了新商业区。店铺面积不大，100多平方米，可免三个月租金，但装修花了3万多元，进货花了5万多元，10万元启动资金是小钟妈妈支持的。这笔钱本来是留着给儿子娶媳妇用的。现在儿子要和女朋友一起开店，那就全当娶媳妇了，先立业再成家，也可以接受。

化妆品店开了三个月，赔了三个月，一开始三个月没房租压力，小钟和女朋友赔的主要是精力，三个月之后再赔的可就是真金白银了。

房租压力压得小钟透不过气，他第一次感受到几万块钱装修和几万块钱货压在手里的痛苦。

妈妈和女朋友再也不敢说他笨了，因为小钟自己开始反反复复抱怨自己笨："我为什么这么笨？我为什么卖不动货？"

2014年12月，《微信朋友圈这么玩才赚钱》出版，小钟从一个广州的化妆品品牌渠道的微信群里知道这本书，是群主推荐大家学习的。小钟买了一本，并通过书上的QQ号加上了作者刘焱飞的微信，他觉得自己找到了救星："老师，我怎么才能像哈里一样，有上百万个微信好友？"

彼时的县城里，微信刚开始流行，除了语音聊天、发发朋友圈，很少有人拿微信做生意。

"你得在店里店外都写明加微信就送化妆品，你舍不舍得送？"

"我舍得，我听老师的。"

过了三天，小钟又问："老师，进店人少，怎么办？"

"那就跑出去送，哪里人多去哪里。"

小钟最可贵的地方在于，只要认准了，相信了，就毫不犹豫地去做。他虽然看上去笨笨的，但微信个人号这种新玩法，只有"听话照做"才能做成。那些一说似乎就明白，一转头就会琢磨"到底行不行"的"聪明人"往往做不成。

一个月后，小钟来报喜讯："老师，我一次拿着几十盒面膜跑到广场上，看见女的就送并要求加好友，一个小时就加了几十个人，再回去店里换一批口红，换个公园再去加，又加了几十个人。"

"现在多少人了？"

"两个微信号都加满，1万人。"

"一个县城里,你的女性客户估计也就 10 来万人,你加一万人,十分之一人都认识你了。"

"老师,我咋卖产品?"

"发好朋友圈,邀请大家到店里看看,做双节促销。"

"好的,老师。她们到店里我就卖套装,128 元、158 元、198 元先推这三个。不能零卖,零卖我就赔了,我送的东西,一个人就七八元。"

2.

 我 | 的 | 思 | 考

小钟一直想把自己的朋友圈做好,目标是做一个暖男。他希望与每个女客人进行沟通以增加彼此的信任,不过这也就是想想而已,1 万个微信好友,两个手机来回切换,根本忙不过来。

"老师,哈里的内容太好了,早安晚安都有手绘漫画,我不会写,我能抄吗?"

"写不出来就抄吧,但也不能全抄,你得有自己的特色。"

"有没有简单的方法,越简单越好?"

"你可以跟店里的成交客人合影,让你女朋友拍照,你发朋友圈,这样最简单,也可以让其他人知道你每天都有很多成交。"

"那文字怎么写?"

"夸你的客户有眼光，长得漂亮，皮肤好，脾气好，夸人总会吧？"

小钟的执行力总是超强，立刻梳洗打扮一番，剪发吹风，穿上西装去店里跟客人拍合影，他遇到一个拍一个，刚拍了一天就遇到麻烦了。

"老师，有客人不让拍怎么办？"

"不让拍脸，还不让拍手吗？你把水乳霜的套盒递给他，就开始拍，先拍一张有你、有盒、有她的手的照片，要是不反对就求合影。"

"这么复杂，能不能不拍？我发点我的产品，发点别人的文章行不行？"

"不行，朋友圈就是以你为主，不是以货为主，也不是以文章为主，你得坚持，让全县城一万多美女记住你的脸。"

小钟说到做到、绝不打折扣，这一点让人敬佩。

2015 年的春节，小钟和她女朋友卖了 17 万元的化妆品，虽然挣的钱仅够大半年的房租开支，没有太多的盈利，但是总算不再亏损了。他们能从零成交到每天成交七八千元，全靠了手里的两个微信个人号。

春节刚过完，小钟就和女朋友领了结婚证，俩人对 2015 年全年充满了信心。

开春后，小钟又开通了两个微信个人号，每天不知疲倦地到县城里人多的地方去送礼物加好友。

"老师，我太累了，手机聊天忙不过来咋办？"

"店里雇个人吧。你先教他加好友，让他去街上加好友，你守着店里聊天。"

"我俩要分开，手机上咋操作？"

"你拿手机，再买个带 3G 的 iPad，双登录。让雇员拿 iPad 去街上，别人一看拿 iPad，也会认为店里最起码是有实力的。"

"好的,老师,我还想着雇个人,让他在店里,我去街上加好友。"

"不行。现在有了好友,转化就要排到第一位了。你的聊天和朋友圈水平还不够,你应该聚焦核心业务,把人引到店里来。把流量转化成钱才是核心。"

"明白了,老师。我在朋友圈里每天做一个点赞抽奖活动,行不行?"

"当然可以。多数到你店里拿奖品的人都不会一个人来,也不会空手走,总要买点啥。"

2015年5月,小钟用微信朋友圈做了30场点赞活动,最多一场共收到1535个点赞,一个月共发送奖品120件,平均每天保持到店人数超过150人。

"老师,你不知道,同在一个市场,还有两家化妆品店都快关门了,天天没什么人,就我的店铺最热闹。"

"你现在是县里的名人了吧? 全县都快认识你了。"

"老师,我觉得我们县城15到45岁的美女,估计有十万,我要跟她们每个人都成好友,让她们都来我的店。"

 我 | 的 | 思 | 考

3.

生意火了,人气旺了,小钟开始有点飘飘然了。

夸他有本事的人多了,夸他帅的人多了,更重要的是小钟发现在微信上赚钱的机会多了。有些人开始想要蹭他的流量。

"老师，她们好多人找我帮她们发广告。你说发一次我收多少钱合适？"

"别糟蹋你的朋友圈，不要帮别人发广告。"

"我一天发十来条朋友圈，我就发一条广告不行吗？"

"一条也别发。你知道她们的产品好不好？若是食品，客户吃了出现问题，哪怕只有一次，你就完了。"

"老师，她们说我是自媒体，可以发广告，我也不知道是不是。"

"别听她们忽悠你。你还没有那么大媒体公信力，保持低调，只把自己的化妆品整明白就可以了。这样你挣钱不少，还可持续。"

经过一番挣扎，小钟总算明白了，甜言蜜语很多时候都是糖衣炮弹。保持在化妆品领域的专业性，才是他应该坚持的方向。

2015 年 10 月，小钟的微信个人号增长到 4 个，微信好友接近 2 万，他开始升级自己的品牌：把原有的 20 多个品牌丰富到 30 多个。他还特意到省会济南的银座商城对接了三个国际大牌的化妆品，拿下县城的代理。

"老师，我发现虽然国际大牌不怎么赚钱，但只有卖大牌，人家才会一直跟随我们。"

"你别小瞧自己，你手里有 2 万多微信好友，你就是银座，银座一天也不一定能进去 2 万人。"

"我就是银座啊，太高兴了。"

"所以银座卖什么，你就卖什么，银座怎么卖你就怎么卖。"

以"银座商城"为标杆的小钟，每天劲头十足。又是一年忙下来,2016 年春节前一盘点，全年销售额达 270 万元，毛利润 70 万元。

"老师，我都不敢想，我能一年赚 70 万元。"

"你们有 4 个人,人均一年 20 万元不到,还不够。你应想办法再优化,想办法完成一年一个人平均 20 万元利润的目标。"

"老师,好几个人要跟着我干,我准备在县城再开两家店。"

"你的优势在微信里,不开店照样有生意,开多家店,管理很复杂。你会管人吗?你会管店吗?想清楚再说吧。"

"老师,我发展他们做分销,让他们在微信上卖行不行?"

"在县城做分销是不行的,因为人就那么多,你最好的方式是继续加人,把更多人都掌握在你手里,直接成为你的微信好友,你直接销售。县城是熟人圈子,中间不要有人分钱。"

"老师,县城开美容院的人说要跟我合伙开美容院,行不行?"

"你现在跟你的微信好友之间的关系并没有你想得那么牢固,最好慎重,别跑太快,换行业跑偏你得不偿失。"

"老师,省级代理商让我从县里去市里发展,我敢不敢去?"

"你的客人都在县城,市里没基础,去也是自找苦吃。除非你做好从头再来的准备。"

……

"笨笨的"小钟很容易被胜利冲昏头脑,也有永远问不完的问题,但这也正是一个创业者应有的状态:持续探索,永不满足。2016 年全年,不断面临诱惑考验的小钟走得跌跌撞撞,销售额达 350 万元,毛利 100 万元,一共 6 个人,平均业绩仍然没有突破 20 万元。

我 | 的 | 思 | 考

4.

2017 年，小钟抵住各种诱惑，稳稳地只做一个店，只做一件事，继续加好友、聊天、发朋友圈，最终他手里握着 6 个微信号，有接近 3 万微信个人好友。

"老师，我也要学着管人，一个一个训练。虽然我没上过大学，但大学本科生我也敢用。"

"岗位不要太多，两个岗位就行，你的店是靠微信来赚钱的，所以，微信客服和店铺销售是同一个岗位，另外一个是内容岗位，负责店铺策划和微信文案。"

"老师，这两个岗位固定还是不固定？"

"如果是大学生，就让他们轮岗，应该都能训练出来。轮岗可以帮助实现优胜劣汰。"

"老师，我要带着他们，我教他们赚钱，将来我们一起干大事。"

"你不是教他们赚钱，你是把钱分好，你是老板，他们是打工的，心态不一样。不合格人的立刻换掉，别拖泥带水，不然对你对他都是不利的。"

"老师，我想做大。你觉得我们管多少人？"

"这不是你个人能力问题，这是组织能力问题。你要学着搭建组织，强化组织能力，充分利用你的员工的能力，把你的微信个人好友也组织起来，跟你一起形成组织能力。没有组织能力，你管的人再多都是一盘散沙。"

这一年，小钟先后招了 12 个人，陆陆续续开掉 8 个，最终留下来 4 个，分别是 3 个销售兼客服，一个策划兼文案，再加上他这个老板和之前的一个财务，6 个人全年业绩虽然还是 350 多万元，但毛利却超过了 150 万元，6 个人这一年平均每人 25 万元毛利。

"小钟，一年开除了 8 个人，有没有觉得你像变了个人？"

"是的，老师，为什么呢？"

"因为你的生意已经从个人运营升级为组织运营了。反过来,组织对你和你的员工也有很强的改造力。你有组织目标,有组织方法,有组织原则,特别是你的客户、你的微信好友成了组织的中心,你和你的员工一直在围绕着客户进行调整,不会再被外界的力量轻易改变。"

"是的。现在谁再跟我说广告、分销、美容,我只会笑笑,不再动心。"

2018年,小钟把店开进了县城中心新改造完成的大商场,一楼显要的位置有三个专柜,都是小钟家的。这里有国内大牌也有国际大牌,员工也从6个增长到了20个,全年销售额720万元,毛利300万元。钱赚得多了,人均毛利却比2017年低了,这让小冲耿耿于怀。

"老师,我的组织力还是不行,管不了20个人。"

"小钟你要真觉得累,就收缩战线,老店该关门就关门,集中精力开好新店。"

"好的,老师。2019年我要一层开十个专柜,把一整层化妆品都开成我的。"

这就是"笨笨的",永不停歇的小钟。

  我 | 的 | 思 | 考

思考点拨

问题1:
开店为什么要留一半预算用于获取微信好友?

提示:一个实体店,如果有5万周边微信个人号好友，不愁没生意。即便不算人工成本，获取每一个好友花费 10 元钱那就是 50 万元，控制在最低 1～2 元钱，也得 5～10 万元预算，所以，开实体店的人不要把钱都花在装修和进货上。生意不好的根本原因是你没有拿出预算盘活用户。想要获取用户并长期获利，你需要提供专项预算。

问题 2：
不进店的人为什么比进店的人更重要？

提示：进店的人转化成微信好友比较容易，但进店的人一般都不够多，所以需要开拓更多新的用户。那些不进店的人，只要在店铺辐射范围内，比如同一个县城、同一个区域（5 公里半径）内，都应该想办法去添加微信好友，这些好友可以被引导进店，成为潜在购买用户。

问题 3：
如果不会发微信朋友圈可以抄别人的吗？

提示：可以抄袭。但通过抄袭，你要体会好的朋友圈为什么那么发，学习并模仿，最终还是要自己原创。每一个人都不一样，每一个运营者的气质和魅力都应该通过一系列独特的朋友圈内容呈现给用户。

问题 4：
为什么店主一定要出镜与用户多拍合影？

提示：运营者要始终保持和用户在一起，拍合影发出去，不仅是刷存在感，让更多用户记住你，更重要的是让更多其他好友知道店铺在不断产生销量。人人都有从众心理，看别人都买，自己也会买。

问题5：
为什么微信生意成功以后再去开新实体店不是好的选择？

提示：用户都在微信个人号上购买的决策都在手机上做出，店铺的距离和位置不再是问题。为了并不重要的位置去耗巨资开新店，不如把钱花在获取新用户和维护用户关系上，这样在微信个人号上实现成交，要比开新店划算得多。

问题6：
微信运营的员工为什么要定期轮换岗位？

提示：微信个人号运营主要有两个岗位，一个是内容岗位，一个是销售岗位。以微信聊天为主的销售岗位转岗去从事内容创作，可以把销售时跟用户打交道的心态把握得更清楚，知道哪些点是能打动用户的，从而把更多成交时的"客户见证"变成内容，影响更多用户。以微信朋友圈创作为主的内容岗位的主要工作是靠内容吸引用户，在朋友圈里与粉丝相互点赞和评论，创造销售机会。销售岗位是主动出击，把销售机会落实，获得收益。这两个岗位需要密切配合。销售离钱更近，内容离人更近，我们的建议是两个岗位一个季度一换，这样可以避免长期在一个岗位上顾此失彼，甚至造成客户流失。

我 | 的 | 思 | 考

问题 7：
聊天和添加新好友到底哪个更重要？

提示：很显然，在收获阶段，聊天更重要。聊天可促成销售，可把微信上的聊天对象邀约到店，配合店铺的陈设、产品的展示，尽可能转化成交易。添加好友是一个长期的不能停歇的获客工作，没有获客就没有成交，没有成交，店铺就没有现金流。

问题 8：
微信朋友圈里要不要帮好友发广告？

提示：不要太高估自己作为运营者的影响力，专注于一个品类成为某个领域、某个品类里的专家，推荐好自己的产品，已属不易。帮别人转发不同领域的内容，因为并不专业，没有鉴别能力，胡乱推荐会伤害运营者的公信力。除了发广告推荐产品之外，发广告也会把自己私域流量里的好友推荐给别人。人心难测，不知底细，如果为了点小钱给自己惹上麻烦，得不偿失。微信私域流量运营获取信任难，毁掉信任很容易，切记谨慎。

问题 9：
你的微信员工能达到一年 20 万元销售额吗？

提示：这是一个基本的标准，人均一年 20 万元。如果连 20 万元都做不到，微信个人号私域流量这件事就不用再做了。尽管行业有差异，微信运营的岗位也有不同，但平均每个人每年支出就会达 20 万元，包括工资、奖金、成本等，故达到 20 万元销售额才算合理。一般企业优化后能做到人均 50 万元，最好的为 200 万元，目前还没见过超过 200 万元的案例。

总结

线下店都有自己的特定辐射半径,谁能在特定区域里获取足够多的潜在客户,并添加为微信好友,谁就能活得精彩。只懂得坐在店里等用户上门,只有死路一条。小钟在一个县城里,从零开始到一点点做到年销720万元,用的是最笨的方法,走的却又是最智慧的路。

我 | 的 | 思 | 考

第 8 章

案例

网络广告花费 6000 万，
转化 6 万微信贵宾会员

问题 1

怎样才能让 6 万好友都能感受到用户特权？

问题 2

为什么要向医美行业学习微信个人号运营？

问题 3

通过网络获取一个到店用户真的要花 3000 元？

问题 4

什么样的角色定位能让用户更加信赖？

问题 5

如何避免医美咨询师把用户拐走倒卖？

问题 6

医美行业开新店如何避免失败？

问题 7

微信个人号上如何打造更高的角色势能？

1.

"这么巧,你也在这里。"

在一家皮肤医学美容院十周年庆活动上,Cindy 和 Maye 在茶歇区碰面了。十年前,她们曾经在一家小区住,都常带孩子在小区花园里玩,就认识了。后来 Cindy 搬家离开,再见面,已是多年以后了。

Cindy 和 Maye 都是美容院的贵宾,十周年庆典,同时受邀来参加,邀请她们的是美容院的方教授。

方教授的微信她们都有,也经常在方教授的朋友圈点赞,但却从未见过对方。后来一起问方教授才知道,她们在方教授不同的微信上。

方教授没有明说的是,像这样不同的微信,她有 37 个。

按照美容院的服务规范,每一个贵宾都有一个 VIP 群。群里除了方教授,还有护士和咨询师,加上用户共 4 个人。VIP 群是专属的直通渠道,一切问题都可以在小群里解决。

这样的直通渠道,37 个微信号上加起来一共有 60 000 多个,这代表着方教授有 60 000 多个需要服务的用户。

在群里,咨询师经常嘘寒问暖;方教授则每天发几条朋友圈,她在群里的话不多,除非有重要的事情。

Cindy 和 Maye 分属不同的咨询师,每个咨询师紧密服务 3000 多个贵宾。如果都让方教授服务,她恐怕做手术的时间都不够。

4 台电脑放在方教授的办公室,她的助理会时刻盯着屏幕。屏幕上集中显示着 37 个微信号的信息,若有重要的消息,助理都会根据情况提醒方教授及时给出处理意见。

60 000 多个贵宾客户群是方教授的秘密武器,十年时间,方教授的美容院花在推广上的钱超过 6000 万，平均一个客户的获取成本为 1000 元，这是让很多行业都震惊的获客价格。

 我 | 的 | 思 | 考

Cindy 在 2009 年就跟着方教授做皮肤医学美容了，那时候，Cindy 烦恼于产后的妊娠纹。她在互联网上发现本地有专门的皮肤医学美容机构，就咨询了一下。

留下电话，咨询师邀请上门，Cindy 就成了方教授的客人。那时候没有微信，她们相互留了电话，半年后，Cindy 妊娠纹治疗完成，她很满意，于是就充了年费会员，成了美容院的贵宾客户。这几年相继做过祛斑、光子嫩肤、超声波、热玛吉等不少项目，都是方教授推荐的脸部护理，Cindy 对自己的皮肤很满意。

Maye 是在 2017 年才认识方教授的。与 Cindy 不同的是，Maye 来自美团丽人频道。Maye 很少考虑美容的事，这几年因为辛劳有了黑眼圈，才意识到应去修复一下。有一次偶然在美团上看见丽人频道活动，4800 元的"淡化眼部色素"护理团购价才 488 元，就购买了一份。一个多月下来，经过三次护理，效果确实明显，Maye 也比较满意。

在见到 Cindy 时，Maye 还不是美容院的年费会员，受邀参加十周年庆典时，咨询师一直在暗示 Maye 此时购买年费会员比较合适。

如果不发展年费会员，不把客人留在微信上，付费流量的推广费用早就把美容院压垮了。

在方教授看来，都以为美容是个赚钱的行业，殊不知很多人满心欢喜入行，一两年至少赔个三五千万。究其原因，营销费用太高，高到自己人都觉得离谱。

皮肤医学美容不动刀还算好，获客单价相对动刀的整形美容要低很多，即便如此，2019年，通过传统互联网推广获取一个客户的成本也在 3000 元左右，整形美容的获客成本都在 5000 元以上。

新兴起的新氧 App、美团丽人频道，除了支付流量费用之外，还要拿出超低的价格吸引顾客。最终上门的多数都是来占便宜的，做完即走，很难转化成持续的付费客户。根据门店转化能力高低不同，综合算起来，获客成本都为 1000~3000 元。

2.

方教授是皮肤医学美容专家，并不擅长运营，但美容院的生意运营才是关键。

前几年，美容行业获客效果最好的运营工具就是投放百度广告。

医疗和美容两个行业，一直都是网络广告的大户。由于广告位竞争激烈，原本起价 1 元的广告位，到了美容相关行业少则几十元，高则几百元。

"你在电脑上搜一个词，搜到我，鼠标点开，我账户里 50 元钱就没了。"

到了月底，账户里本来还有几千元，一不留神就被点完了，但咨询量却没有任何变化，方教授虽然生气但没办法。

2008 年刚起步时，聘请来的网络运营人员让方教授吃尽了苦头，这些人都是打工心态，钱花出去了却没有效果，所以只能频繁换人。

方教授一直在留心观察，想找一个懂运营的合伙人，但一直没找到，最后没办法，只能自家人上。

2009 年，Cindy 这批客人上门的时候，每投出去 100 元钱，综合起来还能有 200 多元的收入。到了 2012 年，每投出去 100 元钱，最多也就有 100 元收入，能赚钱的方法就只有老客户转介绍，给老客户提成。

我 | 的 | 思 | 考

方教授还记得第一次见 Cindy，Cindy 问得最多的就是方教授的专业资历。方教授博士毕业，曾经在公立医院从医 10 年，拿到副主任医师也就是副教授的职称的第二年，方教授辞职创业。她临床经验丰富，选择的创业方式又是不开刀、不动手术、风险最低、依靠国外进口仪器设备的皮肤医学美容，所以一旦有客人想聊这些，方教授都很有信心。

"她真的是教授，人又随和淡定，很让人放心。不像别的美容院，爱说大话爱吹牛。"Cindy 很快就成了会员，还介绍了两个闺蜜给方教授。这样的客人自然是方教授心中的贵宾。

2013 年，方教授有了微信以后，她把每一个服务过的客人都加到微信上。

美容行业的咨询师和医生，岗位变化比较频繁。为了防止客人丢失，运营部门建议方教授想办法出现在每一个客人的微信里，包括美容院里其他医生手中的客人，省得花大价钱吸引过来的客人被咨询师和医生"拐跑"。

美容院里有四个医生，方教授是级别最高、经验最丰富的专家，客人们也很愿意接受方教授的服务。

运营部门为每个客人建了一个微信群，群里只有客人、方教授、咨询师、护士 4 个人，有少数时候会把医生也拉进群。这样的 VIP 通道，是服务每一个客人的专属渠道。

"不能把不同的客人拉进一个大群里，决不能让不同的客人在微信群里相互认识。"方教授对"微信大群"心有余悸。

2014 年春节有个图省事的咨询师，为了群发祝福方便，把几十个客人拉进了同一个大群，很快就出了乱子。有客人投诉，群里有人乱加好友搞传销。

从那以后，"严禁建微信大群"成了一个重要的规定。

Cindy 对 VIP 通道的小群也很满意，每次做完护理后几天内，护士会每天多次询问恢复进展。有问题留言，咨询师的回复会很及时给出，方教授也会在有重要问题的时候在群里与她交流。再加上朋友圈里日常的点赞和评论，方教授与 Cindy 这样的客人成了交情很深的好友。

几年下来，咨询师换了一波又一波，医生走了一个又一个，但方教授的客人们很少有丢失的。

配合着 VIP 小群运营，还有方教授的微信个人号，客户黏性非常高。运营部门要求方教授的助理添加每一位客人的微信，无论这个客人属于哪个咨询师，属于哪个医生。这样坚持了 4 年，方教授有了 37 个微信个人号，号上聚焦了 60 000 多名客户。

"多亏了运营部门，这几年同行因为丢客户倒闭关门的太多了，我们还活着，微信起到了决定性作用。"

运营部门最清楚有多个微信个人号的重要性。从 2015 年开始，就连网络推广的落地详情页也都开始围着微信个人号展开了。每一家美容院都是在传统互联网上花钱，往微信个人号上加客人。

"钱花得可不少，但总算得到一批微信好友，慢慢再去转化。我这个教授身份可信度高，转化率也比同行好一些。"

越是花钱多的人，越是知道客户加在微信个人号的重要性。

3.

Maye 不是传统互联网上来的客人。

进入 2017 年，传统互联网上的客人从十年前 90% 的比重，下降到了不到 50%。

 我 | 的 | 思 | 考

专业医美 App 新氧起来了，低客单价的学生是主力军。美团也不止能点外卖，美团上的丽人频道也开始发力，团购来的客人量也很大。Maye 就是来自美团丽人频道。

跟大多数因为便宜才来的客人不一样，Maye 是刚刚觉醒的皮肤医学美容用户，天然带有各种怀疑，还要继续尝试和观察。

从 2017 年开始，因为医美领域竞争的白热化，运营人员开始不择手段。

"没办法，我们必须加到客人的微信好友，才有活着的机会。"

他们尝试了几乎所有的裂变、推广加好友的手段。

雇人地推，50 多个人在街头请别人扫码，加女性用户微信好友，一个月时间，加上来 7 万多人，但不久后很多人都删了好友，再一个月后，剩下来的只有 3 万多一点。邀约到店体验，只来了 3000 多人。

送小礼物加上雇人的开支，总共花了 50 多万元，到店转化只有 10 多万元。

"大家都很反感街头加好友，这对品牌伤害大，还赔钱，地推真不能做了。"

做公众号推广，从 200 多个公众号里挑选了匹配度高的 20 个账号，精心撰写了文章，用软文推广方教授的微信。一次 5 万块钱花出去，只加上来 300 多个好友。

"公众号的水太深,虚假阅读太多,看着我们投入那几个号都有几万的阅读,估计都是刷的,没啥用。"

找网络推广公司做粉丝裂变,这些公司都说得天花乱坠,号称用技术手段一天加几千好友,真去合作,要么是价格高得离谱,要么是折腾几天没什么用,账号还有可能被封掉。

"我们也知道,微信对恶意加粉打击得很厉害,虽然总是不甘心,但吃亏多了也就放弃了。"

买粉丝,一个粉丝有要价 3 元的,有要价 10 元的,一次买满两个号 10 000 个粉丝,买到手,一上线聊天才知道都是假粉。

这些粉丝不知道被卖了多少次,永远都是那么几千上万个人,今天加这个二维码,加满一个号,解绑卖掉,明天加那个二维码,又解绑卖掉。

"微信个人号粉丝的江湖太乱了,别人都信不过,还是靠我们自己团队一点点做推广吧。"

方教授的运营思路这几年越来越成熟。在她看来,运营去拉新就好,方教授的价值在于做好服务,让老客户转介绍,她觉得自己的方法虽然笨一点,但效果不错。

"我们不是赚快钱,我们是十年二十年,甚至三十年五十年开店,大家有口碑才重要。"

因为 Cindy,十周年庆典结束后,Maye 也成了年费会员。

4.

2018 年年初,方教授和她的团队想要开一家新店,开店的宗旨里加上了一条:围绕微信个人号布局新店推广。

到底有什么好的推广办法能让新店活得更好?团队里意见分歧很大。

方教授的想法是:城市大了,交通不便,路程远的约到店的成功率低,新店可以服务周边5~20公里的客人。

当然缺点是显而易见的，新店投资大，房租成本、装修成本、设备成本都不小，且一次性投资收回周期长。更重要的是，如何吸引新店周边的人成为微信个人号上的好友？想要突破这一关，并没有太好的办法。

人气旺盛的地方，租金高。租金低的地方，人气上不来。三五天没有客人进店，更急人。

运营部门的建议是，开实体店不如做电商，卖药妆或者卖功能性化妆品。优点是成本低；缺点是做电商等于跨入了新行业。电商有电商的规律，化妆品又不同于美容服务，团队里没有专业电商人才，风险太大。

"药妆可以在店里直接推广销售。如果店里都卖不动，就不要妄想了。"

方教授不想放弃开店的想法，坚持想试一试目标商场的人气。经过一番讨论，方教授接受了运营部门的建议，先用促销活动试试目标商场人群能否加到微信。

方教授批了10万元预算，让运营部门趁着国庆长假，在目标商场连续做了10天活动，测试目标商场附近的人群对品牌的接受度。

活动现场上了三台新的进口美容设备，逛商场的人只要发朋友圈就能参与免费体验。

最终的结果是，10天加上来1000多人，20公里外加上来的这些好友经过一两天微信沟通，也有30多个愿意上门，看来距离不是问题，但新店的人气没有想象中那

我 | 的 | 思 | 考

么好。

方教授最终放弃了开新店的想法,她接受了运营人员的观点:"想要获取哪个地区的人,就去哪个地区做短期活动,没必要长期开个店苦熬。"

2019年,方教授的计划是写一本书,自己当作者,写好了送给客户,全面解读美容科技。一方面继续提升方教授的专业形象;另一方面在微信朋友圈里组织大家读书学习,晒心得,激活好友。

"我们有6万多微信好友,未来还会有更多,她们是我们真正的财富,跟微信客人搞好关系,才是我们最应该做的。"

思考点拨

问题1:
怎样才能让6万好友都能感受到用户特权?

提示:消费者有强烈的特权思想,都希望获得独特的、私密的权利,这正是微信个人号私域流量的优势。运营者要跟6万个用户都成为微信好友,用私聊小群给用户特权,用户有问题可以直接找老板解决,有咨询可以直接在VIP小群里呼叫。

问题2:
为什么要向医美行业学习微信个人号运营?

提示:医美行业获客成本高,高达数千元,故医美行业运营者最懂得如何牢牢抓住每一个用户。他们将用户悄悄抓在自己手里,提供最好的用户体验,激活用户重复购买,激活用户互动传播,激活用户以老带新,这方面医美行业积累了大量的可借鉴的经验,这些经验可以为其他很多行业提供参考。

问题 3：
通过网络获取一个到店用户真的要花 3000 元？

提示：网上广告位每被点击一次要几十元，平均 10 个点击换得一个用户上门，那就是几百元。三五个上门才能真正成交一单，就是两三千元，而且这不一定会带来回头客，所以，三五千元的获客成本对于医美行业来说是再正常不过的了。

 我 | 的 | 思 | 考

问题 4：
什么样的角色定位能让用户更加信赖？

提示：千万不要忽视角色定位在微信个人号运营中的作用，特别是医美行业老板，她们本人都是医生，要想办法让用户相信医生，相信医生的水平，成为医生的朋友，这对经营非常重要，否则咨询师就能轻易把用户倒卖到别的医美机构。

问题 5：
如何避免医美咨询师把用户拐走倒卖？

提示：首先是严管，用企业规定避免倒卖用户的现象发生；其次是医生要跟每一个用户建立亲密关系，有了亲密关系，用户会因为专业的医生而留下来；最后是要做好合理的利益分配，让医美咨询师通过多在微信上沟通成交赚到更多的钱，不去赚倒卖用户的钱。

问题 6：
医美行业开新店如何避免失败？

提示：先在店铺周围的高端商业区做些活动，测试用户认知效果和自己的竞争力水平。更重要的是，获得一批种子用户，开店时依靠种子用户先活下去。

问题 7：
微信个人号上如何打造更高的角色势能？

提示：多出席专业会议，总结经验，撰写专业书籍，在知识水平上引领用户；多出席高端场所，用衣食住行里美好的生活细节，在生活方式上引领用户；多让微信运营人员给好友点赞评论，获得用户好感，在情感情绪上引领用户。

总结

通过网络广告获客的成本从几十元涨到几千元，这让医美行业的生意竞争异常残酷，很多医美从业者折戟沉沙。大浪淘沙后幸存的医美从业者更能体会到用微信个人号维护老客户的重要性。同时为了避免客人流失，医美行业老板更加懂得要围绕专家打造微信个人号的角色魅力，让客人跟着专家走，而不是被咨询师倒卖。

第 9 章

案例
淘宝店持续留存,
36 个号搭起微信事业部

问题 1

淘宝电商如何发挥优势玩转微信个人号?

问题 2

把淘系用户变成微信好友是战略还是战术?

问题 3

你会让微信好友去淘宝店铺刷单吗?

问题 4

如何把一个卖货的微信号塑造成有血有肉的人?

问题 5

朋友圈一天规划 10 条信息算不算多?

问题 6

微信个人号为什么要分层运营用户?

问题 7

怎样在微信个人号里卖更多 VIP 会员?

1.

> **我 | 的 | 思 | 考**

飞了一千多公里,下飞机一见面,星哥就急着讨论起"微信头像用漫画还是真人照片"的问题。

那是 2014 年的双十一前夕,天气有点冷,就像星哥感觉自己淘宝店的处境一样——凉凉的。

星哥的淘宝店一年差不多要花去 200 多万元买直通车等广告。买流量做转化越来越困难,让星哥有些担心,不知道自己还能抗多久。

现在回忆起来,2014 年的淘宝流量转化率,其实算是好的。2017 年和 2018 年的情况更糟。发现苗头不对就赶快寻找出路,是一个生意人必备的素质。

"管不了那么多了,我们一定得有新突破。"

星哥说的"新突破",指的就是微信,是微信个人号。

有很多做淘宝店和天猫店的人瞧不上微信的原因主要是嫌麻烦。

从 2013 年起,微信全面封杀了来自淘宝的链接,微信不想成为淘宝倒流量卖货的工具。互联网大佬之间的战争,首先是流量的战争,谁也甭想占谁的便宜。

微信 App 和淘宝 App 的对立,让很多淘宝店懒得想办法打通微信来帮自己做生意。

"越是封杀,越说明有价值啊!"等星哥听到这样的提醒,再看到有人从微信里已经玩出了钱,这才意识到自己的动作太慢了。

微信 App 和淘宝 App 互相封杀，那是神仙打架，做小生意卖货的人一定要把淘宝流量转化成微信好友，自己养起来。

很多淘宝店和天猫店主瞧不上微信的另一个原因是觉得微信变现慢，不够爽。

相比之下，淘宝的直通车流量是一种广告的程序化投放，账户里存好钱，设定好出价，几分钟内，就会有成百上千的搜索流量进店。很多用户自己看完产品详情页，连问都不问就下单购买了。最多是后台客服及时解答用户提问，提高询单转化率，钱就到手了。

以投放 200 元广告收入 1000 元钱这样的转化率为例，投得越多，收入越高，成交过程很简单。

在星哥的想象中，在微信上卖货，要一个个发朋友圈，一个个聊，聊了也不一定有结果。费劲，麻烦，赚钱不够爽。

2.

星哥的运气不错，入行早，赶上了淘宝红利期。

星哥的公司开创于 2009 年，淘宝店以卖时尚大码女装为主，有一定的设计能力和生产能力。

"玩微信太晚，白白错过两年机会。"

星哥说错过的两年机会，就是 2013 年和 2014 年。

这两年时间，每天至少发货 1000 多单，如果每单都去加微信好友，按照最低通过率 5% 计算，两年时间至少已经有 10 个微信个人号加满了，那就意味着有了 5 万微信好友，而且都是已成交的客户。

实际的情况是，星哥一直到 2014 年双十一前还只有一个微信个人号，只有 2000 多好友，而且主要是用来给淘宝店刷单的。

截至 2019 年，微信诞生 8 年了，淘宝店主们对利用微信好友刷单有着谜一样的执着，无论被删了多少好友，封多少号，都不愿放弃刷单的玩法。

"我们一直守着淘宝店找饭吃，天天只想着把店铺流量转化做好。"

回头看看，给淘宝店刷单没错，但让已成交的微信好友去刷单，实在是太浪费了。星哥反思："我们一味地求着微信好友，让他们觉得我们好像很赚钱似的，最后他们眼里只有钱，相互之间谁也不把谁当回事儿。"

能这样想已经是进步了。别把用户当刷单工具，用户是活生生的人。

星哥要的是跟用户继续成交，而不是给用户发个红包，让用户帮着去刷单，那样浪费了钱，还让用户感受不好。

明明在微信个人号上能实现复购，为什么不去做呢？2014 年双十一，星哥决定正式启动微信个人号计划。

  我 | 的 | 思 | 考

3.

万事开头难。

微信的头像用漫画还是真人照片的问题，自然是难不住星哥的，难住他的是微信上的"这个人"到底是谁？他有什么爱好？他是什么个性？他会干什么？他能带给微信用户什么好处？

做客服？不行，客服工作太琐碎，也不利于后期卖货。

做老板？也不行，用户会把老板理解成返钱的角色，他们会不断向老板投诉店铺服务。

做设计师？也许是个不错的想法。

几经推敲，一个名叫"小裁缝"的微信昵称终于获得了大家一致认可。

小裁缝，男，35 岁左右，性格表面温和，内心不妥协。突出设计师的身份，走男闺蜜的路线，为大码女装的用户解答关于风格、搭配、色彩、款式等方面的问题。情感上走温暖路线，充分利用微信个人号相对私密这一特点，让每一个女生在微信里都拥有一个自己的小裁缝。这个人能保守秘密，能给出建议，能暖心关怀，能坚持美好。

小裁缝的微信签名是："美，不因大而妥协。"

小裁缝的品牌主张是：曾几何时，我们习惯了边缘化，习惯了另眼相看，习惯了享受不平等待遇，习惯了"胖人只能穿为胖人而做的服装"，习惯了降低要求，习惯了远离潮流，习惯了 70 分就够好。小裁缝大码女装，今天就要向这些不平等的习惯宣战！

4.

创新从来没有一帆风顺。

小裁缝微信上线后，经历了一段充满不确定的性"黑暗期"。

朋友圈每天发 5~7 条信息，创意、拍照、文字，每次都要几十分钟，忙忙碌碌一整天就过去了，却没有一分钱收入。

到底还能坚持多久？

当老板的，做事情总要找帮手，员工听得懂、学得会、能熟练操作，老板才能放心交给员工去运营，没有合适的人也让星哥头疼。

"在设计上，我们可以多听听微信好友的意见。"

有员工建议，"小裁缝"的角色毕竟是设计师，朋友圈发发设计图，让微信好友挑选自己喜欢的，投个票，先玩起来。

这让星哥挺开心，员工在自己思考和成长了。

坚持了两周后，终于有微信好友主动来问："是去淘宝店里下单，还是在微信上直接付款？"

成交的喜悦给了员工们信心，也给了星哥信心。

两个月后，员工们已经学会按照每天 10 次的频率提前排出一周的计划，精细化运营朋友圈互动内容。特别是买家秀，每天都有三到五个。

周一：活动预热、上新预告、买家秀、生产车间秀、星哥才艺秀。
周二：新款首发、新款秒杀、新款特价。
周三：定制预告、买家秀、新款发货秀、秒杀中奖通知。
周四：上新款、成交付款秀、买家秀。
周五：设计团队秀、款式投票、新款活动倒计时。
周六：新款式投票、买家秀、新款最后一日。
周日：星哥卡通漫画秀、买家秀、新款发货秀。

在每周二、周四上新品的时候，微信开始跟淘宝店一样热闹，每卖出去一件衣服，员工有提成，用户有福利。

 我 | 的 | 思 | 考

半年后的 2015 年年初，小裁缝的微信好友装满了 6 个手机，有 3 万多人，每天平均成交 100 单，微信上收入 40 万元。

根据活跃度星哥把好友分成"沉睡粉丝""一般客户""重视粉丝""铁杆用户"四种类型，用标签分组管理。

微信好友，从淘宝店和天猫店源源不断地来，也在不停地淘汰、分层，最终留下来的都是真正有购买需求的人。

进入 2016 年，小裁缝有 10 多部手机，5 万多微信好友，成立了专门的微信部门，配备专职员工，平均每个月微信成交稳定在 150 万元。仅 2016 年双十一，微信上就成交 300 万元。

星哥经常窃喜："这钱赚得踏实，这就是我们自己的私人领地，只要我们不犯错，根本不用担心没客户。"

淘宝店的流量始终都不稳定，星哥早已经习惯了，而微信上的成交始终很稳定，让他心里踏实。为了牢牢锁定用户，给铁杆粉丝更多的福利，2017 年双十二，小裁缝开始在微信上尝试会员制：VIP 会员享受全年 85 折、VIP 定制、VIP 礼品等福利。99 元的 VIP 会员卡，一经推出就卖掉 2 万多张。

到 2018 年，公司微信部门已经有 13 名全职员工，他们运营着 36 个微信个人号，全年微信销售超过 1000 万，占到公司总收入的 20% 以上。

"2012 年我们这个品类差不多投 1 元直通车，能有 5 元收入，还有得赚。到了 2018 年，我们有同行投 1 元淘宝直通车，收入 1 元，最后只能关门。"

当残酷的行情到来时，电商靠什么活着？星哥的答案是：靠自己手中有粮。

"电商本来赚的就是辛苦钱，客单价也不高，一定要老客户忠实于你，要让用户自己主动来买。做电商最核心的竞争力是老客户的复购率和数量。老客户怎么才能增多？你必须有本事把淘宝的流量一点一点变成自己手中的微信好友。"

思考点拨

问题 1：
淘宝电商如何发挥优势玩转微信个人号？

提示：淘宝电商每天都有大量的用户，这些用户来自商家付费的直通车推广流量和淘宝的自然流量，转化到微信个人号都是精准用户，可以在微信上产生更多重复购买。同时淘宝电商还有产品优势，淘宝电商可以通过调整产品价格做活动，短时间内可引来大量精准用户。也可以坚持不懈，每天持续从淘宝平台转化微信个人号好友。

问题 2：
把淘系用户变成微信好友是战略还是战术？

提示：淘宝商家把淘系用户变成微信好友，应该上升为企业级战略。战略目标是用微信个人号流量池逐渐建立自己的会员体系，增加老用户复购率，减少电商平台广告投放成本，提高利润率，做品牌升级。

问题 3：
你会让微信好友去给淘宝店铺刷单吗？

提示：不要刷单。刷单是对微信好友资源的破坏性开采。不要伤害自己辛辛苦苦转化来的成交用户，不要因为刷单这样的动作被用户看扁了，要用微信个人号提升用户对品牌的认知，走品牌附加值更高的路线。

我 | 的 | 思 | 考

问题 4：
如何把一个卖货的微信号塑造成有血有肉的人？

提示：不要在朋友圈发广告，这样会让用户厌烦。微信个人号的头像、昵称、背景、签名等个人形象上要阳光、大气、幽默、有品位、有情、有义。微信个人号在功能定位上，要有清晰的个人品牌主张，能带给微信好友正能量的生活指导。在朋友圈内容上，每天要突出个人特点，争取每一张图片、每一句话都是"我"的第一人称，由"我"带领用户们互动，探索美好生活。

问题 5：
朋友圈一天规划 10 条信息算不算多？

提示：朋友圈内容要有清晰的规划，数量上保证每天 10 条，间隔 1 个小时发布为宜，发布时间要贴合用户经常在线的早 7 点、中午 12 点、晚 18 点、晚 21 点等时间点。内容上要尽可能排除掉硬广告，商业性的朋友圈信息要多通过活动的形式发布。不要寄希望于朋友圈一发就卖掉，而是要把朋友圈发布当成一个话题的引子，吸引用户点赞、评论和提问，在聊天里成交。每条朋友圈的发布要有一个小时的间隔时间，这一个小时就是跟用户聊天的时间。牢记"朋友圈里激活，私信聊天里成交"的基本套路。

问题 6：
微信个人号为什么要分层运营用户？

提示：用户不是静止不变的，用户不断变化，需要运营者不断做出新的应对。一次购买会变成多次购买，也会变成不再购买。多次购买会变成忠实粉丝，忠实粉丝会推荐好友够买，他自己最终升级为 VIP 会员，会员有机会成为新的事业合作伙伴。这种动态的变化，要求运营者分层次区别对待，在不同层次的用户群里，转化出不同的价值。

问题 7：
怎样在微信个人号里卖更多 VIP 会员？

 我 | 的 | 思 | 考

提示：企业与用户之间最好的关系应该是 VIP 会员关系，通过严选模式得到会员。我们要为会员持续提供高性价比的产品和服务。做会员运营，需要有完整的会员价格体系，同时要配合良好的会员服务能力。运营者给用户的会员特权，要抓住用户痛点，给足福利，在运营者的朋友圈里，有计划地呈现会员活动、会员体验和会员满意的信任背书，每一次展示都是转化 VIP 会员的机会。

总结

电商行业有持续稳定的成交率，且流量充沛、用户精准，适合规模化运营微信个人号。星哥坚持 4 年，积累满 30 多个微信，每年微信成交高达 1000 万元，这就是最好的例子。他把公域流量源源不断地变成私域流量，实现持续稳定成交，值得每一个电商卖家借鉴。

PRIV

CUSTO

04 第四部分

互动激活

第10章

互动激活的
原则和方法

第 1 节
全流程梳理用户触点

第 2 节
专业互动从主动点赞、评论开始

第 3 节
内容规划做一周，坚持每天发 10 条

第 4 节
向用户征集朋友圈内容素材

第 5 节
用朋友圈活动做用户裂变

第 6 节
微信个人号是优秀的 CRM 系统

第 1 节

全流程梳理用户触点

互动激活是微信个人号私域流量运营的第三步。

互动激活是抓手，提纲挈领，纲举目张。没有互动，角色定位就不会鲜明；没有互动，就没有销售机会；没有互动，就没有机会完成社交裂变，获取更多用户。

与用户互动，首先需要深入了解用户触点，即分析并梳理出所有可能与用户接触的点，并以此为基础优化用户体验。

我们在什么场景下触达用户？

我们触达的用户有什么特征？

用户能从这一触点中获得什么？

我们能从这一触点达成什么目的？

用户触点上产品的设计和包装是否有吸引力？

用户触点上的促销策略是否能打动用户？

用户触点上的价格和价值感是否匹配？

什么样的人在代表我们跟用户接触？

与用户接触的人是否有感染力？

……

抓住每一个用户触点，认真分析用户体验的全过程，有助于我们提高与用户的互动能力。

对微信个人号私域流量进行角色定位，就是为了优化用户触点，保证用户每一次接触我们的时候，都是一次愉快的人与人之间的交流，而不是冰冷的品牌诉说。

用户获取仅是用户与我们紧密接触的开始，在此之前，用户触点的场景可能是偶尔路过门店、看到广告彩页、搜索关键词、浏览电商详情页等，用户触点很可能是一触即开，转瞬即逝，很难形成品牌记忆，因此我们才要想尽办法把用户变成微信个人号好友。

微信个人号上有丰富、高频的用户触点。在微信个人号私域流量池里，我们可以主动与用户接触，让用户感知特权，体会到我们的诚意，进而产生购买和复购，获得认可和满意，主动传播我们的品牌。

 我 的 思 考

第 2 节

专业互动从主动点赞、评论开始

微信个人号私域流量池里最有效果的用户触点在哪里？

是我们发的朋友圈吗？

是我们发起的私聊吗？

两个答案都不对。正确的答案是用户发的朋友圈。

人们之所以发朋友圈，就是在等待有人点赞和评论，如果你及时出现，经常出现，你就是用户众多的微信好友里最贴心的朋友。

很多做不好微信个人号运营的老板都有这样的抱怨和担心：抱怨发了朋友圈没有人看；担心自己的员工不够专业，不知道从何处入手。

很显然，如果真的不知道该从何处入手，老板应该安排员工先去给用户的朋友圈多多点赞，巧妙评论。

这件事最简单，人人都会，而且最有效，哪怕一条朋友圈都不发，照样能够激活很多销售机会。

微信个人号私域流量池为什么要强调"互动激活"，而不是只强调发朋友圈广告？就是因为我们深刻理解用户触点，知道用户最想要的是什么。更重要的是，只有微信个人号才能随时看到用户的朋友圈，并通过这一最独特的用户触点——在用户的朋友圈里点赞、评论，来激活用户。

真正的微信个人号私域流量运营不只是做买卖，更是要通过用户触点改善用户关系。我们和用户之间要有高频次的互动，有基于喜欢的信任，有互惠互利，有彼此认可的文化符号和仪式。这才是专业的互动激活。会发朋友圈夸自己好的人很多，能经常给用户点赞、评论，走进用户心里的人，需要有非凡的耐心和坚持。

第3节

内容规划做一周，坚持每天发10条

发朋友圈是效果仅次于"给用户点赞、评论"的用户触点。

朋友圈要坚持发，坚持每天多发，制造更多用户触点。

如果你像我们运营的哈里案例一样，老板亲自操刀，加上专门的编辑团队，精雕细琢每一条朋友圈内容，7年发5万条优质的朋友圈，每天平均要发20条，内容打印出来超过80本书，你一定也会有很大收获。

一条朋友圈的生命周期从发出被微信好友们看到开始，到收获点赞和评论，再到没有任何互动结束。这一条朋友圈的生命周期一般是30分钟左右，因此，如果我们有内容生产能力，应该保证每隔1个小时发一条朋友圈，每天发10条朋友圈。

新手可以先从每天一条开始做朋友圈内容规划。

朋友圈的内容要充分体现互动性，发朋友圈不是目的，激活用户对话才是目的。朋友圈中的文字、图片和小视频，可以针对产品提问，也可以针对热点提问，可以呼吁找共鸣，总之一定要吸引用户留下评论，这样运营人员才有机会把每一次评论变成一次销售机会。

内容的好坏也决定了互动性，内容到底是好是坏应由用户说了算。不同类型的内容有多少人点赞和评论，做好数量统计，对获得点赞、评论多的内容进行总结分类，受欢迎的类型留下来，不受欢迎的类型坚决取消，以此调整内容创作方向。

内容规划一般建议做一周，每天至少10条，列出一个排表。先做预排表，把

不同类型的内容放在不同的格子里，填满 70 个格子，然后按时间先后顺序生产内容，定时发布。这就如同一个杂志社的总编辑，按照作战表每小时发行一份电子杂志。

可以根据表格的内容，统计每一条朋友圈带来的点赞、评论数量。因为每条内容对应一个格子，所以可以对着格子做调整，到底哪个类型的内容放在哪个时间点效果最好就会一目了然。

同时还可以在不同的格子里填上转化销售收入，以反映不同的朋友圈内容带来的销售收入。然后根据销售收入的不同，调整朋友圈内容的规划。

我 | 的 | 思 | 考

第 4 节

向用户征集朋友圈内容素材

微信个人号流量池内容运营的标准是互动激活，而不是简单发布。如果你实在创作不出来更好的文字、图片和小视频，那就学着向用户征集素材。向用户征集素材的过程其实也是一种互动。

征集素材的标准就是用户和产品在一起。

一个做餐饮的老板，每天的朋友圈里都是客户到店用餐的照片，发这些照片的作用不言自明——"看我们家生意多好"。每次有用户到店，只要发照片给老板，老板都会给用户发红包，大多数用户自己也会发朋友圈分享。

同一张图片素材既能出现在运营账号的朋友圈中，告知更多其他用户可以来吃饭，这相当于广告；又能出现在用户的朋友圈中，这相当于做了口碑传播。

从营销效果上看，最好的朋友圈内容就是用户开开心心和我们的产品在一起拍的合影照或小视频。为了征集到这种代表良好体验的"用户好评"的素材，运营者需要用红包、赠券等方式表示感谢。

运营者也可以不定期在朋友圈举办征集活动，用抽奖、评奖等方式送出更大的奖品，活跃朋友圈的气氛。

用户获取要有预算、有策划，朋友圈内容征集同样也要有预算、有策划。钱要花在"刀刃"上，微信个人号私域流量运营一定要把钱都花在用户获取和用户互动上。

第 5 节

用朋友圈活动做用户裂变

实际经营中，有很多商家异想天开，以为有了微信好友就一定会有成交。我们必须摒弃盲目自大，把时间、精力和金钱用在互动激活上，这也是一种善待用户的态度，同时是一种清醒的态度。潜在用户不一定会购买，已成交的用户也不一定会重复购买，没有互动激活，就没有销售转化，更不可能有老客户转介绍。

一旦微信个人号的运营者有了耐心，能坚持去做互动激活，就能获得全新的机会，获得微信好友的推荐。

老用户推荐过来的用户，由于是基于对老用户的信任，所以我们与之沟通的成本更低，成交概率更大。在运营上，一定要从一开始就做好打算，加上来的每一个好友都是种子用户，种子用户带来新用户，这是我们做微信个人号必须努力实现的，可以设计各种各样的朋友圈互动活动，做好用户裂变。

根据微信的数据显示，70% 的微信用户都有 200 个以上的微信好友。如果一个账号有 2000 个微信好友，每个微信好友哪怕只推荐一到两个新用户，账号就会加满 5000 人。

运营者可以在朋友圈定期搞用户裂变活动，鼓励所有微信好友参加，也可以充分利用私域流量私密性的特点，跟好友单独互动。

友情长久，用户触点多，我们不需要毕其功于一役，用户裂变的互动活动可以长期、持续、逐个完成。

我 | 的 | 思 | 考

第 6 节

微信个人号是优秀的 CRM 系统

微信个人号本身是一个非常优秀的 CRM 客户管理系统，如果你点击每一个好友，你会发现备注、分组、标签、描述、电话、照片这样的功能。

用昵称的备注功能可以详尽描述当前成交状态，方便我们在给用户朋友圈点赞和评论时第一时间分辨出重点用户。

用标签分组功能，可以对每一个微信好友加多个不同的标签，详细为用户画像，比如可以按性别分组、按年龄阶段分组、按成交意向分组、按省市地区分组、按行业分组、按兴趣分组、按用户特点描述分组、按推荐人分组，这种结构化的标签用户的分组方式，可方便我们在通讯录和查询里快速查找不同用户。

通过描述功能可以用在 400 字以内的文字对用户的非结构化数据进行记录，比如生日、结婚纪念日、成交日期、通讯地址、最新沟通状态等。

通过电话功能可以存储用户电话联系方式。

用照片功能可以存储一张用户照片，可以是成交照片，也可以是用户的全身照片，还可是关键的聊天记录截图。

以上信息都需要动态实时更新，有了这些信息，不仅方便员工根据不同的互动需求激活用户，也方便老员工在离职后，新接手的员工清晰掌握用户状态。

上述都是微信个人号自带功能，只不过较少有人按照标准的用户信息管理方法处理以上信息。如果管得好，就能把微信个人号变成一个优秀的 CRM 系统。

最后提醒一句，用微信个人号做私域流量运营，通过仔细观察微信好友的朋友圈来完成客户画像，这是其他营销工具或 CRM 工具不具备的。

第11章

案例
朋友圈裂变，3年积累20万微信好友

问题 1

你的品牌跟用户的关系是否足够紧密?

问题 2

如何寻找并优化你的用户触点?

问题 3

品牌的角色定位为什么要站高打低?

问题 4

做现场活动用户越多就越好吗?

问题 5

以微信个人号为核心的活动该怎么筹备?

问题 6

怎样把 10 个微信好友裂变成 500 个微信好友?

问题 7

怎样的朋友圈内容能带来更多互动?

问题 8

为什么用微信个人号做推广成功率更高?

1.

从超市里出来,坐上车离开,李浩杰心里一直觉得少点什么,却又不知从何说起。

李浩杰是一个有 20 年工作经历的食品品牌总监。他们的产品主要在超市卖。

超市里都有末位淘汰机制,每个月盘点,卖得不好的产品要下架,给新的产品腾位置。越是好的超市,淘汰名单越长。

李浩杰家的产品卖得不好不坏,进不了前三也不会被淘汰。按说李浩杰不用担心被下架,他是品牌的总监,各地市都有代理商,代理商进货,往超市里铺货,由代理商承担销售不好被淘汰退店的风险。

但是老板不这么想,老板要求李浩杰拿出一个新的销售模式,这个模式必须简单易学、可复制,且具有明显效果。

车停好,回到公司,李浩杰再次敲开了老板赵新城家的门。跑了几天超市,他有几个新的困惑。

"老板,你要是在超市当面食试吃员,你会怎么做?"

老板赵新城的回答让李浩杰很意外:"我会加顾客的微信。"

"加了微信有什么用呢?"

"现在微信人人都用,加上微信,跟顾客成为微信好友,买卖的关系就变成了朋友的关系,顾客天天看我朋友圈,想想就很美好。"

> 我 | 的 | 思 | 考

"问题是,谁愿意加一个干面食试吃的小姑娘的微信?"

"那是你的事儿,想不通,送你一本书看看。"

老板赵新城递给李浩杰一本书——《微信朋友圈这么玩才赚钱》。

"你可以在书里你找到新模式的灵感。"

"老板,我们要找的新模式,主要用来干什么?"

"公司要想一步步走向全国,品牌上必须有新的、可复制的模式,最好是有点门槛,别人学不会,这样我们走得会更稳。"

面食试吃员加超市顾客微信,顾客不愿意加怎么办?

面食试吃员是经销商雇的人,不归我们管怎么办?

……

李浩杰跟品牌团队的人一开会,大家就提出各种难题。

再难也得解决,想起老板给的书,李浩杰决定还是找《微信朋友圈这么玩才赚钱》这本书的作者刘焱飞问问,看他有没有什么好的办法。

2.

我们就是在这样的情况下接手李浩杰公司的。

一个创办 20 年的食品企业,年销售额 2 个亿元左右,产品以超市销售为主,覆盖了 1 个省 10 多个城市的 100 多家超市。老板希望产品走向全国,品牌部门必须拿出新模式。他们希望通过微信来做,又不知道从何处入手。

我们的建议是先搞明白"顾客触点"。

顾客是通过哪些点跟品牌发生关系的?简单分析,好像并没有什么问题。

(1)场景没错:超市的货架、陈列、展板、广告;
(2)人没错:面食试吃员做试吃,展示得也很充分;
(3)产品也没错:花样馒头做得很漂亮。

深入分析,就会发现事情没那么简单。

顾客通过面食试吃员跟产品发生接触的时候,没有互动,没有情感,没有产生让人牵挂的事情。

如果场景里的顾客情绪不对,很难指望顾客给你的品牌加分。如果场景里都充满了幸福的情绪,不仅可以顺利地添加微信好友,还能裂变出难以想象的品牌影响力。每一步都必须走对,步步为赢。

工具就是多个微信个人号,主战场就是微信朋友圈。

> 我 | 的 | 思 | 考

3.

第一步:角色定位。

对于面食试吃员的角色,必须做出重大改变。玩微信,必须先考虑人。

"你想想,谁愿意跟在超市里求人试吃做广告推广的面食试吃员成为朋友?他们也怕天天被广告骚扰。"

"如果你是妈妈,你希望自己的微信好友里多一个人,那么这个人每天发什么样的朋友圈,妈妈才会觉得有价值?如果没价值,加上来是不是也会很快删掉?"

"中国的妈妈,最信赖的角色是什么?"

……

一堆问题罗列下来,一个"面食老师"的角色呼之欲出。

"我们一定不能低三下四去求人,要当老师,要教人。"

"教人做面食,在心理上,面食老师站得高一点,顾客也更容易接受。"

"角色有高势能,品牌才能势不可挡。"

很快,公司品牌部就挑选了18个超市的面食试吃员到总部接受培训,准备从中挑选优秀的、称职的人来担任面食老师,成为全新的"顾客触点",用微信的新玩法,参与品牌推广。

转岗培训的效果不错,18个年轻人学做花样面食、练习拍照、练习发朋友圈、学习各种微信技巧,两天时间就信心满满,想要上战场了。

李浩杰看着面前一字摆开的18部手机,想象着这是18支枪,统一装配到18个战士身上,拉起新队伍去打仗,第一战必须旗开得胜。

4.

第二步:做活动加好友。

第一场超市活动定在周六上午十点,统一命名为"包饺子大赛"。

每个超市邀请十位家长带着孩子参加,包的饺子可以现场吃掉,也可以带回家,成绩最好的家长，送一套公司的产品。

"别嫌10个人少，10个人做好了，在微信里就是500个人。"

因为经过严密的设计，只有团队的人才知道每一场活动其实都是两个活动：一个是超市里的包饺子大赛活动；还有一个是微信里的笑脸比拼活动。

活动的目标是通过10次活动，加上来5000个好友。

李浩杰不喜欢打无准备之仗，为了完美达成目标，半个小时的小活动，他要求每个超市都要用两天时间反复演练。

"邀请家长被拒绝该怎么说？"

"孩子不想动手怎么办？"

"给孩子拍笑脸，是横图好看，还是竖图好看？"

"现场带节奏的歌唱哪几句最好？"

"应急时，用什么故事才能逗笑小朋友？"

演练覆盖所有的细节，面食老师的微信群里不断反馈着各个超市的演练实况，李浩杰逐一调整并完善各种动作："很多活动，现场一热闹就结束了。而这在我们的活动中只是开始，活动中一定要记住两件最重要的事：拍到孩子的笑脸，加上家长的微信。"

李浩杰想要的是一个简单、实用、详细的操作指南，新的模式必须要标准化、流程化，让未来更多新人一上手就能会。

 我 | 的 | 思 | 考

第一场实战活动在周六的 10 点钟准时开始，家长和孩子陆续进场，按照事先定好的操作指南，面食老师有条不紊地完成了一场 30 分钟的包饺子比赛活动，现场气氛温馨而不失热烈，家长们纷纷打听下一次活动时间，他们还要报名。

特别是加家长微信的环节，很顺利，因为秘诀就是面食老师说的一句话："给孩子拍了很多开心的照片，我加下微信，随后整理一下发给您。"

现场活动一结束，微信里的第二场活动就紧接着开始了。

现场活动比的是谁包的饺子多，微信活动"最美笑脸"比的是谁能赢得最多的点赞。

给家长发活动照片的时候，面食老师就有机会把"最美笑脸"活动详细解释给家长听。

"这几张照片，您觉得哪一张拍得最好？"

"我们把孩子的照片发在我的朋友圈里，让大家来评选最美笑脸，可以吧？"

"您可以发动亲朋好友都来我的朋友圈点赞。"

李浩杰要求面食老师在聊微信的时候嘴甜一些，每一个请求都要自然，毕竟在现场打过交道，大家都不陌生，趁热打铁提一些小要求，成功率会更高。

在顾问咨询团队看来，设计"最美笑脸评比"活动，主要目的是击穿用户的社交关系链，获得微信好友推荐。好友推荐的好友，更有信任感，更有价值。

一旦参加了活动，人人都想拿好成绩，每一个家长都希望自己的孩子能赢得"最美笑脸"。

朋友圈的点赞最大的特点是，只有添加了面食老师的好友才能点赞，想要获得更多点赞，家长们就要把面食老师的微信名片和微信二维码发到更多亲朋好友那里。

第一场微信活动两天后公布结果，面食老师们发现，家长们一般都能推荐来三五十人。最多的一个孩子获得 113 个点赞，一个家长为面食老师带来 100 多个新好友。

这就是社交裂变。

一场活动，虽然只有 10 个家长参加，一周却能裂变出三五百个微信好友，十几场活动下来，一个微信就加满了 5000 人。

好友数量还不是全部的收获，微信好友的质量更是让人惊喜。

面食老师们在日常微信交流中发现，因为都是好友推荐，大家相互认识，不管谁发一条朋友圈，点赞、评论都很多，大家真的像一家人一样亲切。

最满意的还是李浩杰，他开始觉得，这样的品牌传递没有那么冷冰冰，而是充满家和爱的暖意，这与公司的品牌调性非常一致。

我 | 的 | 思 | 考

5.

第三步，互动激活，用好内容把好友留下来。

做运营的人必须懂内容创作，微信个人号的内容创作主要就是发朋友圈。但一个人的创意总会枯竭，好在李浩杰手里的人比较多。李浩杰听从咨询团队的建议，通过创作比赛，把最好的内容挑选出来，大家共同使用。

面食老师们每周六和周日做活动，周一休息，周五准备新活动。

李浩杰要求面食老师们在周二到周四这三天，每天想创意，拍摄一个"花样面食"，这要进行评比。评判积分来自两个地方：一个是李浩杰打分；一个是朋友圈发出去以后，获得的点赞、评论数。

每天的奖优罚劣，让面食老师的朋友圈内容保持了高质量。

"家长们要的东西不复杂，只要你教的东西有用，做的花样好看，能吸引孩子们多吃，家长就会非常开心。"

时间长了，家长们也开始把自己做的"好作品"用微信发给面食老师，要老师们评判。晒家长们的面食作品，让面食老师的朋友圈内容更加丰富。

稳住超市的主战场后，李浩杰开始探索新的领地，他尝试着把花样面食课开进幼儿园，让面食老师真的成为"老师"。在幼儿园的手工课上，教家长们做面食手工。

"角色和内容是一件事，面食老师登上幼儿园的课堂教学，可让我们的品牌触点更有权威性，推荐产品的时候腰板儿更硬，底气更足。"

目前，面食老师们的微信账号达到 56 个，覆盖微信好友 20 多万，一共组织大小活动超过 2000 场。

很多企业发愁搞大活动找人难，面食老师们却从来不担心，因为他们通过微信轻松就可以动员成百上千的人。某一年冬至，他们一次动员 5448 人包了 50 000 多个饺子，创造了新的吉尼斯世界纪录。

每一次点赞和评论都是一次品牌触达，每一次朋友圈发布都是广告费的节省。品牌总监李浩杰手中握着 20 多万微信好友，让他对自己做电商卖产品也有了更大的信心。

"理论上，有了微信什么都能卖，零食、生鲜、农特产品，只要跟生活相关，都可以分享给微信好友。但我们会谨慎挑选产品，免得惹人厌烦。"

老板赵新城看到了"新模式"的可能："每个人都有自己的生活圈子，如果一个超市里能覆盖周边的两三万微信顾客，这个超市的销量一定错不了。再铺新超市，开拓新市场，我们完全可以先做活动，把微信顾客加上来，两三个月后再上架产品。微信上做好销售引导，成功率会高很多。"

运营多个微信个人号多数人都能意识到其在品牌推广和电商方面的价值，很少有人会想到还有创新模式方面的价值。

让李浩杰最得意的是：**新模式足够私密**。无论品牌覆盖多少人，"热闹"只会发生在两个微信好友之间，这样一对一的交流，外界没有人知道发生了什么，同行想要获取客户情报是根本不可能的。

让赵新城最得意的是：**新模式可复制**。公司按照不断优化的操作指南，已先后在两个大城市对上述过程进行了复制。先打微信战再进超市，效果比预期要好很多。虽然目前的成功案例只有两个，但赵新城相信，走向全国已经胜利在望。

这一切，正在悄悄发生。

思考点拨

问题1：
你的品牌跟用户的关系是否足够紧密？

提示：有很多人不知道用户是谁，用户在哪里，拥有的消费体验如何，这是因为品牌缺乏跟用户之间精准的、确定的、互动的、有人情味儿的关系，这是企业经营中最大的风险，经营者需要认真审查自己与用户的关系是否紧密。我们的建议是：用微信个人号与用户做最紧密的连接。

我 | 的 | 思 | 考

问题 2：
如何寻找并优化你的用户触点？

提示：寻找用户触点，是为了找到添加用户微信的最佳场景，如果这个场景不能让用户满意，就想办法优化用户接触品牌的那个瞬间，给用户最好的互动体验。抓住短暂的接触机会让用户开心起来，确保让用户同意添加运营者的微信个人号，加上好友以后用户触点就非常多了，聊天也好，发朋友圈也好，时时刻刻都有与客户拉近关系的机会。这就是微信个人号流量池的巨大价值。

问题 3：
品牌的角色定位为什么要站高打低？

提示：人往高处走，水往低处流。运营者要站高打低，但并不是要高人一等，总是高高在上，让人觉得高不可攀，而是要创造高势能，在用户心理上占据有利位置，掌握交流主动，让用户愿意跟着运营者往高处走。

问题 4：
做现场活动用户越多就越好吗？

提示：活动如果只考虑现场的盛况和现场的直接转化，则参加的用户越多越好。但是设计以微信个人号为中心的现场活动，就不一定是人越多越好，而是要保证现场参加的每一个用户的体验感最优。在活动现场完成用户微信个人号好友添加以后，还要举办更重要的线上活动，发动更多的人参与。只要用户在手，销售转化可以在线上逐步完成，不急于线下一时的声势浩大。

问题 5：
以微信个人号为核心的活动该怎么筹备？

提示：可以把一场活动分成线上和线下两个部分。线下获取用户的时候，要组织严密,确保用户在跟品牌接触的时候,有良好的体验,让用户愿意成为运营者口碑的主动传播者。线上要紧密围绕如何激励用户推荐好友来做活动,扩大线下活动的战果。

 我 | 的 | 思 | 考

问题 6:
怎样把 10 个微信好友裂变成 500 个微信好友?

提示:在微信朋友圈里做点赞活动,发动 10 个种子用户来给自己投票,点赞数量最多的送奖品,种子用户发动亲朋好友来点赞的前提就是先添加好友。这是一种裂变方法,效果好的话,每人平均能推荐 50 个好友,总计 500 个好友。也可以尝试其他办法,目的只有一个:击穿用户的社交关系链,裂变式获取微信好友。

问题 7:
怎样的朋友圈内容能带来更多互动?

提示:有用的,有趣的,好看的,神秘的,能勾起人们好奇心的,提出简单的问题满足人们的表现欲的,能给一些物质奖励的……总之,要不断实践摸索,那些引起点赞和评论多的内容就多发一些,发了无人问津的内容就不要再发了。

问题 8:
为什么用微信个人号做推广成功率更高?

提示:用微信个人号可以精准锁定附近用户,推广准确度更高；用微信个人号可以在短时间内反复多次让信息触达用户，而且不用担心费用问题；用微信个人号可以多做朋友圈到店的活动，吸引用户参与，只要备足奖品即可；用微信个人号推广可以发动微信好友做社交化的主动传播，带动更多的人进店；微信个人号的角色定位、用户获取、互动激活和销售转化是一套完整的运营模式，可以用在各种推广活动中。

总结

超市品牌要把超市流量当作种子用户来做社交裂变，提高品牌知名度和美誉度，完成销售业绩。这种基于微信个人号的品牌推广模式，可以帮助品牌稳扎稳打，占领全国市场。

第12章

案例
做外卖又当红娘,
朋友圈就要玩起来

问题 1
赔钱的人为什么很少从用户方面找原因？

问题 2
如何把外卖平台的成交用户都变成微信用户？

问题 3
用微信个人号做外卖获取回头客为什么成本最低？

问题 4
外卖号如何通过微信互动保持个人魅力？

问题 5
有 50 个微信号就能开 30 家外卖店吗？

问题 6
用微信个人号往外卖平台导流为何不可取？

问题 7
你会不会花钱收购同行的微信个人号？

问题 8
新手从哪里入手运营微信个人号最合理？

1.

> 我 | 的 | 思 | 考

每个人都有不同的职业目标。

华姐 2017 年的职业目标就是"不赔钱"。

开了 10 年的饭店,最多的时候手里管着 5 家店,100 多个人,也赚到过钱,但小钱自己花了,大钱都用来开新店了,至今没给家里买房子做过贡献,华姐为此感到很惭愧。

更糟糕的是,2016 年,生意突然变差,5 家店都开始赔钱。

制定 2017 年目标的时候,华姐决定断臂求生,关店转让,只留一家最小的店自己做。

"赔钱的人会精打细算,这回一定要做件投入少、见效快,又能发挥自身优势的事情。"

华姐跟 3 个员工商量,大家一致认为做外卖最适合。

做餐饮堂食的时候,华姐瞧不上外卖那点钱,所以一直是 90% 的堂食和 10% 的外卖。更重要的是,华姐认为外卖的品质不够高,拼的是数量,出货量大才能赚钱。

现在自己也要做外卖了,华姐也想挣扎一下,做高品质、好吃的外卖。

外卖平台上面的盒饭套餐一份 10~20 元,华姐知道那多是大锅熬菜的做法,如果在她小小的后厨也这么做,毫无优势,搞不好还要赔钱。

华姐根据以往的外卖数据挑出最受欢迎的十道菜,宫保鸡丁、酱爆猪肝、酸菜鱼等，瞄准办公室白领做外卖餐饮，两人餐是两荤一素 99 元，四人餐是四荤两素 199 元，主打小锅单炒，大厨美味，改善生活。

从菜量上看，说是两人餐，其实三个人吃也没问题。华姐还特意放三盒米饭，让客人感觉占到了便宜：三个人吃饱，只花了两人餐的钱。

由于外卖最多只炒十道菜，配菜和大厨都提高了效率，午餐和晚餐高峰时，店里人人都是大厨，闲暇时人人又都是配菜员。

"当时员工问一直做这十道菜行吗，我就跟他们说，肯德基、麦当劳也就是三个菜：一个汉堡，一个鸡块，一个薯条。其实我自己心里也没底，但怎么样上新菜，一直没找到办法。"华姐回忆说。

借助着外卖平台的威力，花钱做推广，送 10 元代金券，一个月下来华姐就赢利了，小店每天能稳定达到 100 单，几乎 100% 都是网络外卖单。

华姐发现，好的外卖不需要门店，只需要菜好吃。但客人都来自网上，哪天他们不来了，就麻烦了。

"菜量大，菜也非常好吃，很棒，很接地气。"

"自从和同事叫了一次外卖以后，办公室的人都爱上了，最喜欢宫保鸡丁。"

在外卖平台上卖出 3000 单，却只看到 100 条留言评论，虽然其中大部分是像上面这样的好评，华姐仍然担心"客人到底满意不满意"，觉得还是要直接跟客人聊聊才放心。

"手里没客户，我心里不踏实，我得想办法知道他们喜欢吃什么。"

思来想去，华姐决定用"一个月换一批新菜"的名义，在外卖盒里放上留言卡，希望客人们添加微信给建议，挑选各自爱吃的新菜。

"想吃什么，客人说了算，我觉得这才是外卖应该有的节奏。"华姐的思路更清晰了。

一个月下来，华姐的微信好友多了 1000 多人。

2.

 我 | 的 | 思 | 考

华姐没想到，这 1000 多个微信好友，不仅能测试新菜，还能让她开辟出一个新生意——微信支付，上门自提。

一天，有个小姑娘问："如果我自己下楼去拿，能不能便宜点？"

美团外卖的平台补贴取消前，客人在美团上付款，华姐每单能拿 3 元钱补贴。2017 年补贴取消后，美团上支付对华姐并没有太多好处，一单给外卖平台提成 8%，车手送货费 5 元，成本至少 12 元。如果有客人愿意自提，就算一单让利 10 元钱也划算。

"你要是用微信付给我，就来吧，拿走以后，我给你返红包。"华姐回答道。

一开始，平时忙于店里管理的华姐，并没有把通过微信成交当回事，主要是用微信来测试新菜，没想到聊得久了，大家成了很好的朋友，微信成交量直线上升。现在华姐调侃自己都快成了那些办公室白领的"厨房阿姨"。

很多年轻人有不好的饮食习惯，华姐就经常在朋友圈给大家普及相关知识：哪些东西好看不好吃；哪些东西好吃不健康；哪些东西不想吃也得多少吃一点，因为这样才是营养搭配。

2017 年，外卖行业已经深刻地改变了华姐的生意。她身边做餐饮的朋友一大半关店倒闭了，特别是做高端餐饮的，更是开一家倒一家，只有华姐等几个转型做外卖的，日子还能过。

做外卖的饭店 2015 年拿美团和饿了么的补贴拿到手软，到 2017 年平台要拿走成交额的 8%～16% 作为提成，一正一反，损失惨重。华姐觉得做外卖如果过度依赖外卖平台，没有自己的会员系统，那就像温水煮青蛙，早晚会支撑不下去。于是华姐开始做一些尝试，但并未成功。

"我们也不懂，听人说自己做会员系统得开微信公众号，要上微信商城，我们就买了个商城，拿回来一用，发现玩不转，后台设置上架、下架、接单、客服、送货、核销，没有一件是简单的。"

对比之下，微信个人号上的交易倒是简单。因为一到吃饭时间就忙得不可开交，华姐坚持不送货，只接"上门自提"的单子，每个月也有 2000 元收入。

微信上的收入从每个月 2000 元，慢慢涨到每个月五六千元的时候，华姐发现自己的微信好友也满了 5000 人。

最难得的是，华姐始终和客人们保持融洽的关系，大家帮华姐投票选出想吃的新菜，华姐提醒大家如何健康饮食，相互之间没有压力感，有的只是轻松的聊天。华姐干脆把自己的签名改成了"白领饮食保姆"。

2017 年，华姐在微信上干过最有趣的事情是当红娘。

2017 年光棍节前一天的晚上，华姐跟一个萌妹子聊姜糖水的好处，萌妹子随口开玩笑说："华姐你帮我发个征婚启事吧，光棍节前想找个男朋友。"一句玩笑，华姐就随手发了一条朋友圈：

"吃货小萌，身高 160cm，体重 50kg，长相好看，毕业一年，在上海五角场写程序，征男友脱单，求五角场上班，有意请留言。"

朋友圈中还配了一张照片，没想到有一百多人点赞，二十多人留言求介绍。

这件事让华姐乐了好一阵，她截屏把留言发给萌妹子让她挑选，最后还真有一个看上眼的，谈了几个月。

受这件事的启发,华姐干脆开发了一个在微信上专属的套餐,叫"双人桃花餐",无论是谁,只要点了两次桃花餐,都可以送一次朋友圈征婚机会,主题就叫"送桃花"。时不时地"送桃花"成了华姐茶余饭后最大的乐趣。

"那时候好轻松,就是陪着年轻人玩,玩得很开心,对微信号赚钱没什么期待。"

> 我│的│思│考

3.

华姐第一次见到做外卖的同行有 50 个微信号,手机一个个放在办公桌的架子上时,还是有些震惊的。

同行卖的是小龙虾,2015 年还只有一家店,2018 年时只用了两个月,就开了 30 家外卖店。这样的开店速度,让同样做外卖的华姐不敢想象。

认识做小龙虾外卖的阿斌,是因为阿斌找上门,要跟华姐谈合作,想要租用她外卖店的后厨:

"你的店,晚上 8 点以后就没生意了,我们租你的后厨,晚上 9 点到第二天早上 7 点,用一晚上就还给你,不耽误你白天开工,你多收一份租金。"

这样的条件华姐还是头一次听说,但算算账,她还是接受了。

"我们开快闪店,只租半年,只做小龙虾,5 月开始,10 月干完就结束。"

阿斌向华姐解释，2018 年有足球世界杯，晚上卖小龙虾生意会比往年好得多。阿斌不想错过，要多开几家外卖店，趁着世界杯，赚上一笔快钱。

"30 家店，得有 30 个厨师，没厨师，你怎么玩？"

"四种口味，下午提前炒好，拉到各个店里，店里有锅也有微波炉，加热就行。服务员就能干，用不着厨师，一切都要快。"

华姐虽然并不认同这种赚快钱的做法，但还是很佩服年轻人有想象力。华姐帮阿斌算了一下房租，同样开 30 家外卖店，阿斌快闪店的租金只相当于正常开店的十分之一。

快闪店的外卖模式让华姐大开眼界，她想深度介入学习了解。

"干脆你就用我的店卖小龙虾，我不收你那点租金，你给我算一份提成好了。"

"可以，合作愉快。"阿斌毫不犹豫就答应了。

华姐发现，整个 5 月，阿斌的小龙虾外卖都在美团和饿了么上做推广，加微信好友，但并没觉得有什么。等她去阿斌的总店见到他的 50 个微信号时，才知道微信个人号要拿来做什么。

阿斌："我们就是用微信引导老客户下单。"

华姐："微信上直接下单，钱都归了你，是不是跟我就没关系了？"

没想到阿斌肚子里还装着这样的小算盘，微信上成交不给提成，华姐有点不高兴。

"不会的，我们的微信根本没人管，微信上不收钱，都是用机器自动发。况且，也就只有你是要提成的，别人都只要租金，我没必要昧掉你那点钱的。"阿斌有点哭笑不得地跟华姐解释。

华姐看了看微信上从她的店附近加上来的"夜猫子们"，多数是住在附近的人，而不是上班白领，男生多，90 后少，且很少跟自己的微信好友重复。

进入 6 月，世界杯期间，华姐的店最多的时候能卖掉 400 份小龙虾，每份 68 元，阿斌一天就能收入 2 万多元。世界杯一个月下来，阿斌收入 50 万元，卖一份给华姐提成 2 元，所以一个月华姐也净赚 4 万元。

我 | 的 | 思 | 考

4.

阿斌的 50 个微信号有站街、一键养号、1 机 50 号等很多功能，他起初感觉很省事，但用了十几天后，陆续发现一些微信号开始提示客户端异常，需要验证身份。到 2018 年 6 月底，50 个微信号几乎全部被封了号，系统提示的原因是"账号异常"。

费了九牛二虎之力把微信账号一个个解封以后，阿斌担心再被封号，一直闲置不敢用。没了微信引流的小龙虾外卖，业绩立刻下滑。

华姐发现生意下滑，找到阿斌询问，才从阿斌吞吞吐吐的回答中知道了微信账号被封的事故。

既然微信账号有人管就有生意，没人管就没生意，华姐立即决定找阿斌聊聊，把阿斌配给她的店的两个微信号拿到自己手里维护。她不太喜欢阿斌做事的方法，所以用"合伙人"的身份试图打动阿斌。

"我店里自己的微信玩了一年多，一直都很安全，要不然，把我那个店里你们的账号给我，我帮你试试，肯定不会让你再封号。"

阿斌一时想不到更好的办法，大家也都是为了生意，就让华姐拿走了两个账号。

华姐把账号拿到手后的第一件事就是统一改成了自己的名字和店铺名。现在有了 3 个号，一万多个微信好友，白天忙完自己店里的生意，晚上还得推荐小龙虾，没日没夜连轴转了 3 天就扛不住了，唯一值得欣慰的是 3 天时间里业绩还不错。

碰巧店里的一名员工那几天正在给自己的表妹找工作，华姐一问，女生是学文秘的，干过一年营销，害怕再往外跑市场，愿意值夜班，想找一份兼职。

让她试了几天后，华姐的微信朋友圈聊天竟然做得有声有色，兼顾了白天和黑夜两个群体，正餐和小龙虾的业绩都有提高。这再次验证了华姐"微信账号有人管就有钱"的判断，而阿斌其他的微信号则不死不活，没人打理。

进入 8 月份，没了世界杯，小龙虾的生意开始直线下滑，阿斌是个见好就收的人，他没有按计划支撑到 10 月底，提前 2 个多月就结束了小龙虾的生意。

合作期结束结账分钱时，华姐趁机聊到了阿斌的其他 40 多个微信号。

"其他那些账号你准备咋处理？"

华姐看得出阿斌一时也找不出解决方案，正在犯难，再加上他只喜欢赚快钱，怕麻烦，就提出可不可以把剩下的微信号接管过来。

阿斌："明年也没世界杯，这小龙虾生意也没得做，你想要，给我个成本价，账号都给你吧。"

华姐的想法比阿斌长远一些。

做外卖，一家店肯定不够，一个大上海，怎么也要有 20 家分店才符合华姐的规划。既然微信账号有人管就有钱赚，为什么不把 50 个账号好好做做呢？

2018 年国庆节刚过，华姐的第二家外卖店开业，选位置的依据就是华姐手里微信账号的活跃度，主打套餐里多了一道"龙虾饭"，继续卖小龙虾。

跟夏天卖的整只小龙虾不同，华姐的"龙虾饭"主推虾尾，有十三香和麻辣两种口味，原料简单，制作快速。

华姐请来管理这50多个微信号的兼职员工也正式入职成了专职员工。2018年年底，有员工提出来要拿这些号做社区团购，被华姐拒绝了。

"外卖是我们主业，我的微信要简单，就是'饭好吃，人好玩'六个字，啥赚钱就做啥，容易让人反感。我还指着它们开几十个分店，千万不能惹人反感。"

 我｜的｜思｜考

思考点拨

问题1：
赔钱的人为什么很少从用户方面找原因？

提示：传统的营销只强调产品、价格、渠道和促销，生意人较少能考虑到，在移动互联网时代，用户才是决定生意好坏最根本的原因。今天在中国哪怕是最传统的街头餐饮生意，也必须重视用户，除了饭菜好吃、价格合理外，还要连接足够多的用户。如果赔钱了，一定要先关注用户数量是不是变少了，用户满意度如何，如何提升用户体验。

问题2：
如何把外卖平台的成交用户都变成微信用户？

提示：外卖平台是美团、饿了么的私域流量，平台对用户的激活力度一直很大，但是对用户私有性的保护并不像阿里巴巴那样严格，要抓住这样的获客好机会。店家至少可以通过两种方式把外卖用户变成微信个人号好友：一是利用手机号联络，给红包、给优惠；二是利用外卖袋子里的包装材料，包括 DM 彩页、餐盒盖、筷子袋等，传递添加好友的信息。

问题 3：
用微信个人号做外卖获取回头客为什么成本最低？

提示：在外卖平台补贴时期，平台赔钱给店家补贴，目的是教育用户，让用户养成在外卖平台点餐的习惯。当补贴结束后，店家离不开平台了，用户也离不开平台了，平台就开始抽取扣点，从最初的 3%、5%、8%，一直涨到现在的 20% 以上。算一下，一份 20 元的外卖，骑手费用占去 5 元，扣点拿走 4 元，广告推广费再算上 2 元，一半的钱就没了。如果用户有在微信上点餐的习惯，同样的价格，店家能节省一半的成本。

问题 4：
外卖号如何通过微信互动保持个人魅力？

提示：吃外卖的用户多是年轻人、城市白领，运营者需要深刻洞察这一人群的信息需求，提供带有"功能性"的互动信息。首先是提供"减压功能"，用轻松幽默的段子帮助他们缓解压力；其次是"美食功能"，提供精美的美食介绍；再次是"健保功能"，为年轻人提供有用的健康营养小常识；最后是"娱乐功能"，可以互动起来，在微信个人号的朋友圈玩各种竞猜、答题小游戏。

问题 5：
有 50 个微信号就能开 30 家外卖店吗？

提示：平均一家外卖店有上万名忠实老客户，通过微信个人号下单、订餐，这是外卖店能够活下去的至关重要的保障。关键是用户要精准，可以先在目标店铺周边做地推、扫楼活动,加满两个微信号,再去开外卖店成功率会很高。外卖店开起来以后,用外卖平台继续获客,确保每家外卖店运营 2～6 个微信个人号,有 1～3 万忠实老用户,这是开外卖店重要的经营策略。

 我 | 的 | 思 | 考

问题 6:
用微信个人号往外卖平台导流为何不可取?

提示:微信个人号可以直接下单进行交易,没必要利用微信个人号往平台输送流量。微信个人号流量池跟外卖平台相比,规模要小很多,因此基本策略是围绕用户关系做精做细,不是拼数量,小池子给大平台输血的方法不可取。

问题 7:
你会不会花钱收购同行的微信个人号?

提示:如果有机会,价格合理,比如一个好友一两元钱,一定要收购。同行的微信外卖号有一定数量的微信好友,这是宝贵的财富,同行做不好主要是不懂得关系运营的技巧,只想着赚钱,不懂内容输出。买下来重新做角色定位,重新做好内容互动,可以起死回生。不要担心微信角色换人以后的影响,微信个人号不是公开平台,换人换角色影响的只是一个一个单独的人,无须公开解释,只需要向有疑问的人解释一句"换了老板",大家都能理解。

问题 8：
新手从哪里入手运营微信个人号最合理？

提示：让新手最快上手的方法就是去"耕耘朋友圈"，去给微信好友点赞和评论，激活对话，这样还可以全景了解外卖号微信好友的人群特征，深入了解每一个微信好友的个人特点。这件事非常重要，容易上手，但最容易被忽视。如果有新手，可以先从这里入手，熟悉用户之后，再一步步学习加好友、发朋友圈和销售等技巧。

总结

外卖行业客流量大，有大量的活跃用户可以转化成微信个人号好友。自建商家流量池，把经营主动权拿在自己手里，把外卖平台流量变成私域流量，这些努力一刻也不能停，这样才能用微信个人号配合外卖平台，开出更多能赚钱的外卖新店。

第13章

案例
组建专业团队,
用微信服务加盟店

问题 1

为什么招商加盟的秘密武器是微信个人号?

问题 2

如何用微信个人号让店铺营销变简单?

问题 3

你的店铺能做到"一个店三个微信号"吗?

问题 4

为什么开业时加微信好友要不惜血本?

问题 5

如果你是加盟商,你会把微信交给总部运营吗?

问题 6

从微信好友升级为加盟商真的只有一步之遥?

问题 7

品牌老化后如何依靠微信好友换品类?

问题 8

直接换形象是否影响跟微信好友的正常沟通?

1.

老陈不爱上台演讲,但是想听他传经送宝的人太多,有时候碍于面子也只能上台去分享几句。

2019 年春节前的一次北京演讲会上,15 分钟的时间,老陈从头到尾都在批评自己不会做招商加盟,该赚的钱没赚到,这让主持人很尴尬,赶紧打圆场:"陈总,您做品牌,一两年就是几百个店加盟,店店都赢利,您可别太谦虚了。"

哪有那么夸张,几百家店中也有赔钱关门的,老陈想着。但是为了顾全大会的氛围,老陈憋住没说,只好尴尬笑笑,大家也只当他是谦虚一番。

下台回到座位上,一群人热情地围上来问东问西,话里话外都是:"您有什么秘密武器?教教我们。"

秘密武器倒真有一个,老陈不愿多说,因为说出去也没人信,那就是他的儿子。

老陈的儿子 Robin 玩的那一套,老陈能看懂,但并不太明白,儿子也不太想让人知道,既然是秘密武器,还是秘密一点好。

Robin 有 200 多部手机,天天带着几个年轻人玩微信。

老陈觉得中国人很有意思,开饭店好像是每一个中国人的梦想,只要手里有几个闲钱,家里有几个闲人,第一选择就是卖吃的。钱少的摆摊卖早点,钱多的就去租个店铺开饭店。加上这几年大商场里小饭馆越来越多,只

> 我 | 的 | 思 | 考

有品牌才能进场，所以餐饮行业的加盟、直营、托管一直红红火火。

特别是招商加盟，无论大品牌还是小品牌，做成的有，倒闭的有，半死不活的也有。因为利润大，市场大，所以骗子就多了，他们张嘴就是"三个月回本，坐等收钱"，实际上合同一签，加盟费一交，就只剩下关门一条路。

老陈 40 多岁时误打误撞进入餐饮行业。那是 2012 年春天，老陈的儿子 Robin 去台湾旅游，带回来一种甜品，非要开店，找老陈拿了 50 万。店开了 3 个月，一不小心成了网红品牌，微博上人气飙升，店里生意爆棚，人手不够，Robin 就拉壮丁把老陈拉进来管钱。

老陈是会计出身，一直给别人打工管钱，当的都是财务总监，一下子来到一家小店里给儿子打工，有些不适应。

儿子倒也爽快，干脆就让老陈当了老板，儿子给老子打工，自己专心致志去钻研推广，整天跟媒体、网站、微博、微信打交道。

从 2014 年第一次招商加盟开始一直到今天，老陈的招商加盟支持里，除了品牌支持、选址支持、装修支持、设备支持、物流支持、技术支持、培训支持，还专门设了一条营销支持。

"完善的线上粉丝管理系统，为每一位加盟商提供很多大型餐饮都不具备的新媒体代运营支持，并提供节日活动策划和物料支持，包括开业活动、日常活动等。这让营销变得更简单。"

Robin 也知道自己靠秘密武器支撑的这五年，三个快时尚品牌做到了几百家加盟店。

2.

Robin 的第一家甜品店从默默无闻到火起来，经历了艰难的一年多的时间。

甜品颜值高，照片拍好了很有诱惑力，Robin 尝试着把好照片一张张推到社交网络上，那是一段每天要零零星星上网 10 个小时的苦日子。

2011 年微博的热度很高，Robin 和两个小伙伴一有空就在微博上找人互动，等到微博账号有 3000 粉丝的时候，甜品店的生意慢慢有了起色，开始有外地游客慕名上门。

2013 年，Robin 开始在店里使用微信个人号。

微信个人号的优点是，跟客户的关系更紧密。给好友的朋友圈点赞和评论，虽然浪费时间，但很快就能像好朋友一样相处，双方都没有压力感。能聊的话题很多，除了聊甜品，Robin 还要当旅游向导，给大家指路、推荐、解答各种问题。

到了 2013 年年底，Robin 一家店积累下 3 个微信个人号，而且每个号都加满了人，最好的时候，创造过每天 1 万元收入的奇迹。

等到开第二家直营店的时候，Robin 给自己定的目标是，一家店必须有 3 个加满人的微信个人号。要是有一万多人日常光顾生意，每天晒图推荐，生意想不好都难。

成功说服老陈加入当上老板以后，Robin 从店里抽身出来，开始带着两个有经验的小伙伴专门做微信运营。

原本只是吃了甜品的好友，时间一长，大家看 Robin 生意做得不错，都纷纷开始咨询怎么才能加盟。

老陈和儿子商量之后，决定引入有发展加盟经验的专业

我 | 的 | 思 | 考

人才，开始设计品牌加盟体系。

全国有很多招商加盟的服务商，他们可以帮助品牌商在全国招加盟，快速完成扩张。老陈用了一个月时间考察研究，否定了借势发力这条路："感觉他们靠做广告招商营销成本太高，不太适合我们。"

Robin 开始从微信好友里一条条筛选加盟线索，第一批一共梳理出来 12 个加盟意向。有"日流水一万元"这样的业绩做支撑，Robin 信心满满，想要一次最少开 10 家，快速把品牌做大。

老陈反对"大干快上"的思路，父子俩大吵一架以后，老陈坚持第一次只先做好一个加盟商。

"先用一家店试错，即使走不通，也船小好调头。"

Robin 被老陈说服，还有一个原因，Robin 希望先找一家加盟商测试，看看"一家店三个号"的模式能不能走通。

"加盟不是目的，赚钱才是目的，如果不能持续赚钱，加盟店开一家关一家，我们就是瞎折腾。"

第一家加盟店来自深圳，选址定在罗湖区，位于地铁站出口的一楼底商，40 平方米。Robin 给加盟店定的目标也是一个奇迹数字：日流水 1 万元。

为了完成这个奇迹，Robin 泡在罗湖区的地铁站附近整整 10 天，为加盟店策划开业活动。

"开业三天，一折促销"，只要拍照发朋友圈，30 元一份的甜品只需要 3 元。

Robin 自己扛下了每份赔 5 元的硬成本。三天的时间里，7000 多人进店，营销成本 4 万元。3 天每天换一个微信号，3 个号一共添加 4000 多人，Robin 控制每个号只加 1000 多人。

"每个人背后都有几百个朋友,我们得留着位置,4000个人的朋友圈,每个人最少能带来3个人。"

3天后,Robin通过朋友帮忙,邀请了一家深圳的媒体和多个自媒体前来探店,成本3万元。

长达十多天,店铺微信个人号的朋友圈持续转发各种媒体报道、自媒体报道和客户好评。

"必须让我们的每一个微信好友相信,我们有实力,有魅力,这样才会有信任,有口碑。这场仗打完,建立的心理优势最少能支撑半年时间,我们要保证开业活动搞完之后,客户在半年甚至更长时间还能持续进店,让加盟商生意真正好起来。"

深圳加盟店有30多个单品,从开业活动过后,店铺微信号每天都通过微信朋友圈发布限时新品打折信息,进店的人持续火爆,晚上下班高峰期,还经常出现排队等候的场面。

只用了26天,第一家深圳加盟店就完成了3个号添加15 000个微信好友的目标,其中10 000个好友是老客户推荐来的新好友。

可以跟一万多人直接沟通,这给了加盟店巨大的信心。Robin给加盟店的建议是,必须尽快激活微信好友的再次购买,在一个月内完成一次进店复购,让每个人都养成购买习惯。

开业第42天,深圳加盟店完成日流水过万元的目标,月流水持续稳定在20万元以上。

我 | 的 | 思 | 考

3.

Robin 希望把 3 个微信号留给加盟店运营，但加盟店试了一天就放弃了，他们没专人去聊天，再加上自认为发朋友圈不专业，于是望而却步了。

Robin 把 3 部手机带回总部，两家直营店加上一个加盟店，一共 9 部手机。

老陈也从 Robin 的尝试中看到了希望，第二批放开加盟，老陈挑了一个一线城市上海、一个二线城市湖北武汉和一个三线城市江西上饶，开始做第二次测试。

如果一年招 100 个加盟商，而每个加盟店都像深圳加盟店一样做甩手掌柜的，把微信甩给总部，那么总部至少会有 300 部手机要管理。

Robin 决定成立微信运营部，配备了 4 个专人来运营。微信服务部提供围绕着微信个人号的账号管理、客服聊天、内容创作、活动策划、促销执行的总部服务，帮助门店解决问题。

"加盟商就是为了赚钱，看问题比较浅显，但我们必须要看得长远，要当成宝贝一样去玩微信个人号，去跟上面的每一个好友沟通。你根本不知道哪个吃了你 20 元甜品的好友有实力、有决心投资 20 万元成为你的加盟商。"

第二批的 3 个试点门店经过 6 个月的磨合，也都很快从开门大吉走向了持续火爆。不同的是，上海店的加盟商看到了微信个人号的长期价值，愿意自己花精力运营微信个人号，武汉和上饶的加盟商则要求公司总部统一服务。

到 2014 年 5 月全国放开加盟，半年时间就有 120 个全国加盟商，Robin 的微信运营部托管的微信个人账号达到 200 多个。

"一个店三个号"新模式的探索成功，让 Robin 兴奋不已。

从 2014 年起，全中国都在谈论"互联网思维"，Robin 开始逢人就说自己的"互联网加盟新思维"，这让老陈有些担心。

老陈及时提醒 Robin，要低调低调再低调，毕竟自己品牌很弱小，招商加盟行业水又很深。老陈不希望树大招风，他笃信"慢慢来会比较快"的生意哲学，希望 Robin 能慢下来："老师傅都会给自己留一个绝招，不要到处去吹牛。"

 我 | 的 | 思 | 考

埋头干事，闷声挣钱，Robin 很快就理解了父亲的苦心，在对外的招商宣传册上，Robin 删掉了大量微信个人号运营的细节，只是强调总部可以提供"新媒体代运营"服务。

2015 年年底，灾难还是不可避免地降临了。当时全国加盟店已超过 400 家，总部运营超过 300 个微信个人号，由于客服接待任务繁重，人手不够，Robin 选择上了一套外挂系统，很快 300 个账号被封号。

解封后，又抱着侥幸心理上了另一套多功能系统，导致再次被封号，50 多个账号被永久封禁，Robin 直言："损失超过 500 万。"

说 500 万损失并不夸张，快时尚餐饮的特点是投资小，很多人都可以参与加盟。Robin 做过统计，有一半的加盟商都是因为曾经吃过他们家甜品并成为微信好友后，也想自己开加盟店。

"卖甜品是 to C，招加盟是 to B，我们这个行当，B 和 C 不分家，吃了觉得好吃的人，可能一转身就是加盟商。"

Robin 算了一笔账，每个账号每年至少会吸引过来两个加盟者开店，每家店赚 5 万元，就是 10 万元，光招商加盟一项，50 个账号被封禁，一年的损失就是 500 万元，更不要说为店里带来的消费收入。

2016 年年初，Robin 了解到一家公司能安全运营 2000 多个微信号，且连续多年都不封号以后，迅速与其达成了合作。

4.

如今的 Robin 继续跟老陈一样，在低调地复制他的"总部粉丝运营模式"。

保持低调的原因是，餐饮行业品牌老化速度快，公司必须不断推陈出新，才能在市场上站稳脚跟。

2016 年年底，甜品店开到 400 多家以后，市场上出现大量低品质、低价格的甜品店，奶茶店也开始卖甜品，恶性竞争导致 Robin 的加盟店赢利能力下降，其中 100 多家开始出现经营困难。

老陈回忆起 2017 年春节前的紧张时刻，还是忍不住后怕："有 4 个加盟商提出要关店，按说跟着我们做店，早都收回投资并赚到钱了。我们不想让加盟商失望，但贸然关店换新产品，又没有必胜的把握。"

重担再次落在 Robin 头上，他想要知道，如果换一个品类，原来店铺的微信好友有多少人能接受。

经营的事情不能凭空想象，只有试了才知道。抱着"破釜沉舟"的想法，换品类的试验先从 4 家想要关门退出的店开始。

老陈负责考察新品类，Robin 负责考察 4 家店的基本情况，半个月下来，Robin 就有了足够的底气。

Robin："这四家店跟总部说的都是微信个人号运营自己来做，但实际上，我们去实地一考察，他们几乎都没好好管过，很少跟用户聊天互动。我觉得这其实就是他们生意做不好的原因，所以我们全部收回，由总部运营。"

哪里跌倒就从哪里爬起来，四家店错失了开业吸粉的良机，如今只能断臂求生，升级店铺。

40 平方米的小店能做什么？这成了最纠结的难题。

为保险起见，老陈和 Robin 选取了看上去很好做的麻辣烫品牌。

在麻辣烫领域，杨国福麻辣烫全国有 5000 多家店，张亮麻辣烫全国有 3800 多家店，麻辣烫这个品类，市场认可度很高。

再加上经过几年的团队磨炼，Robin 的微信运营团队内容创作能力特别强，手绘、动漫、小视频、文字、拍照、编辑们各个一专多能，他们长期跟微信好友互动，深谙年轻人的情绪调性。Robin 的团队一致认为，做一个充满文艺范儿、小清新的麻辣烫品牌是很有希望的。

老店升级，甜品变麻辣烫，小清新亮相，四家店同时启动，开店活动进展顺利。

Robin 对四家店的微信个人号也全面换了形象，换图像、换昵称、换朋友圈，甚至都不用多做解释，发了几天朋友圈，大家就都接受了新的店铺和微信。

"我们通知一些微信好友，说开新店回馈老朋友，邀请来试吃麻辣烫，大家都很高兴。有几千人在手，很快就烘热了一个新店，避免了冷启动再去花钱造势的问题。"

到 2018 年年底，老陈的甜品加盟维持在 400 多家，麻辣烫的加盟也已经 400 多家，第三个刚刚孵化出来的酸菜鱼新品牌也有 100 家加盟。

我 | 的 | 思 | 考

虽然是三个不同的公司运作的三个品牌，但业内都知道那都是老陈的企业，人们喜欢拿"六年一千家店"来夸老陈，只有老陈和 Robin 最清楚，加盟这件事，他们至今仍然保持着一个记录，那就是：加盟商有一半来自微信个人号。

思考点拨

问题 1：
为什么招商加盟的秘密武器是微信个人号？

提示：中国的品牌做招商加盟，一般的方法是先通过广告汇聚有加盟意向的人，再通过招商说明会进行现场转化。相对于这种公开的招商方法，很少有品牌采用微信个人号来招商，因为此方法比较私密，成功者都在默默赚钱，知情者又都刻意回避，行业中知情人很少。品牌商最早是用微信个人号来服务消费者的，随后消费者主动要求加盟，这时他们才意识到微信好友在招商中的重要性，并出了一整套系统化的招商方法。

问题 2：
如何用微信个人号让店铺营销变简单？

提示：传统的店铺营销只能靠地理位置来取得竞争优势，有了微信个人号，微信朋友圈就成了最好的位置，微信个人号就成了最好的渠道，店铺跟用户可以天天见面，可以随时随地直接传递品牌的新老产品、促销活动。用户跟店铺关系更紧密，营销自然变得更简单。

问题 3：
你的店铺能做到"一个店三个微信号"吗？

提示：一个店铺拥有三个微信个人号，是以用户为中心的一种运营思路，有用户在手，不用担心店铺没生意。很多店铺都是只有装修，只有产品，没有用户，坐等用户上门会让生意陷入死结。三个微信个人号，接近一万好友，基本够维持一个店铺的运营。当然微信好友的数量越多越好，质量越高越好。

我 | 的 | 思 | 考

问题 4：
为什么开业时加微信好友要不惜血本？

提示：开业促销时，一次性拿到足够数量和质量的微信好友，确保生意开门红，争取生意能在一批种子用户的经常光顾下，保持稳定的销量，这应该成为不同行业在操作新店开业时最重要的运营思路。一般情况下，再小的店，也要至少拿出 5 万元的血本来给新店汇聚一个微信个人号的流量池。

问题 5：
如果你是加盟商，你会把微信交给总部运营吗？

提示：初级的私域流量运营，包含三五个微信个人号，一两万微信好友，一般由一个全职员工就可以应对了，不会花费太多的成本。老板们千万不能因为没有合适的人就放弃自己运营。用户才是店铺的命根子，店铺品牌和产品只是你跟用户产生关系的工具而已，想要更换品牌，只要手中有用户，分分钟可以另起炉灶，把微信个人号交出去了，命根子就没了。

问题 6：
从微信好友升级为加盟商真的只有一步之遥？

提示：有一种理论认为，今天的人都是"产消商"，每一个人可以是生产者，也可以是消费者，还可以是商家，这是微信好友可以升级为加盟商的一个原因。另外，更重要的原因是，微信个人号的力量在影响人们的决策。在没有微信个人号之前，很多人消费了某一款产品，转眼就忘了；有了微信个人号后，消费者是商家的微信好友，每日每夜可以接触商家品牌的信息，看着店铺生意兴隆，耳濡目染，很自然就会产生加盟的念头。微信好友这种紧密的关系让"产销商"之间都只有一步之遥。

问题 7：
品牌老化后如何依靠微信好友换品类？

提示：可以发动微信好友做新品测试，根据用户反馈确定要更换的品类；也可以把微信好友当成"忠实粉丝"，用粉丝福利把人气先烘托起来。

问题 8：
直接换形象是否影响跟微信好友的正常沟通？

提示：不会。换形象的一般技巧是先停发几天朋友圈，然后直接换图像昵称，换朋友圈内容。如果有人有疑惑并提问，就一个一个解释。从运营的角度看，我们认为微信个人号主要是一个连接工具，从"没连接"到"有连接"，这个从 0 到 1 的动作最重要，连接以后发生的所有问题，运营者都可以跟用户沟通解决。

总结

微信个人号私域流量池的运营方法是很多行业闷声发财的秘密武器。在招商加盟行业，品牌商良莠不齐，真正负责任的品牌商有必要通过"一个店三个号"的模式为加盟商提供服务，持续激活用户到店消费，让加盟商长期获利，同时也能让招商加盟变得更容易，轻松应对品牌老化等各种挑战。

 我 | 的 | 思 | 考

PRIV

CUSTO

05 第五部分

销售转化

第14章

销售转化的
原则和方法

第 1 节	第 2 节
微信个人号的五种销售模式	构建场景,制造稀缺产品

第 3 节	第 4 节
勇于卖高价	卖不动就每天做秒杀促销

第 5 节	第 6 节
做拼购既卖货又能获得新用户	设计零元产品做引流,打通线上线下

第 1 节

微信个人号的五种销售模式

微信个人号的销售主要靠的是信任和推荐，是基于角色定位、面向特定用户、通过互动激活产生的销售，与传统营销基于 4P 理论（产品、价格、渠道和促销）的销售相比，它更强调用户关系的价值。

由于微信好友之间的信息可以随时随地多次反复触达，而且长期有效，商家没必要局限于成交，而可以开发出多种销售模式，包括零售、批发、秒杀、团购、会员销售等。

零售是指一对一的成交，如果角色塑造能成功引领用户的生活方式，你穿什么用什么，用户就会买什么，不要用朋友圈刷屏广告降低可信度，每天可以谨慎推荐一次，每一次推荐都可以重点击打那些当前互动比较多的用户，确保有成交。有一个化妆品卖家采用的是每天重点沟通 10 位好友的销售方法，想办法让重点用户帮助推荐新用户购买，朋友圈不发产品广告照样有成交。

批发是指寻找特定渠道商做代理，按总量走货，这种方式比较适合有生产能力、货源丰富的卖家。根据不同的拿货量给代理商不同的批发价，这种销售方式的风险是代理卖不动会产生退货。

秒杀是一种互动激活的销售策略，目的在于赔本赚影响力，可以每天定时定量秒杀活动。

团购是一种以获取用户为目的的降价销售，目的在于让用户通过福利为我们带来新用户。

会员销售是微信个人号独有的用户分层策略，目的在于长期锁定忠实用户，按年份收取一定的会员费，为会员提供特权福利。这里特权福利不是卖产品，而是卖会员服务。

第 2 节

构建场景，制造稀缺产品

我 | 的 | 思 | 考

批量化的产品可以以量取胜，定制化的产品则能带来独特的用户体验，运营者可以利用微信个人号提供的一对一的用户关系，制造稀缺产品并限量供应。

有强烈的设计师个人风格的产品，比如珠宝、服饰等，都可以在微信个人号上卖得很好。只此一件、限时销售、绝版限售、设计师签名、私人订制，都是可以采用的独特销售策略。越是卖量产商品的人，越是要善用稀缺产品来强化独特性，维持忠实用户的购买欲望。

本书案例中年销 10 亿的垂直电商平台，销售的每一件产品都是独特的稀缺产品。他们会展示精挑细选产品的全过程，亲自体验后再进行限时限量销售，从而制造紧迫感。比如卖高档的进口滤芯，解决的是宝妈们担心的奶粉水源安全问题；又比如卖绘本图书，教给宝妈们如何掌握亲子阅读技巧。通过限时限量供应，制造有紧迫感的购买场景，完成销售转化。

在竞争激烈的市场上，越是稀缺且有购买需求的产品，越是容易被模仿和复制，因此稀缺产品需要不断创新，没有什么产品可以让你一劳永逸。你的价值取决于你的不可替代性，掌握不可复制的稀缺力量，才是赚钱之道。

第 3 节

勇于卖高价

产品价格是企业的命脉，微信个人号私域流量的运营反对价格战，提倡在独特的私密空间里用高价格卖高价值产品。

在获取成交用户时，可以采用低价策略，从电商引流，从活动引流，从线下实体店引流，当用户已经沉淀在微信个人号上以后，运营者要敢于推陈出新，把新产品卖出高价格。

企业定价方法很多，可以根据不同成本结构、经营策略、市场环境、竞争状况来定价，也可以根据用户需求来定价。价格没有高低之分，只要你让购买者觉得值，高价格就可以带来高利润。

一般情况下，高价格来自资源垄断，在微信个人号私域流量的运营中，高价格可以配合更独特的产品和服务。价格并不是用户购买时的唯一考虑因素，用户并不会害怕购买价格高的商品，否则宝马 X5 一定卖不过哈弗 H5，关键是你所提供的服务是不是独一无二的，产品体验是不是无可替代。用户对价格有异议是正常现象，我们在微信朋友圈里，可以避免谈论价格问题，先去反复强调用户可以得到的利益、好处、方便性，让用户的关注点集中在产品的质量、使用期限、独特功能、售后服务上，降低价格敏感度。要勇敢挑战高价格，不要做逃兵。

如果你不幸获取的都是价格敏感用户，甚至是一群喜欢到处"薅羊毛"的羊毛党，无论如何都无法完成转化，此时正确的做法是承认自己获取用户失败，坚决删掉，再去获取更优质的精准用户，没有必要在错误的用户身上浪费时间和精力。

删用户也是一种勇气。

第4节

卖不动就每天做秒杀促销

我 | 的 | 思 | 考

新手上阵，若要通过真实的销售来找找手感，我们建议可以尝试在朋友圈里做秒杀促销。

做秒杀活动的第一个目的是激活用户互动参与感，每一次秒杀都是向用户展示产品优点和特点的好机会。相比于天天刷朋友圈广告，大家却无动于衷，秒杀至少能带来一次又一次的产品推介机会。

做秒杀活动的第二个目的是兑现微信个人号私域流量运营的特权承诺，把用户都当成 VIP 用户，相当于给积极参与的用户送特权福利。

做秒杀活动的第三个目的是收集用户真实的使用体验，有机会通过用户的使用，给用户带来惊喜感，感染更多的用户。

做秒杀活动的第四个目的是练兵。如果产品一上线就一直卖不出去，团队的挫败感会伤害工作积极性。销售人员需要在销售实战中不断发现用户需求，提升销售能力。

做秒杀活动的第五个目的在于激励用户转发推荐，带来新用户。当然，通过秒杀活动新增加的用户有不少是价格敏感型的，为了确保用户质量，尽量不要在朋友圈里呼吁转发秒杀活动。每一次可以定向邀请几位微信好友参与转发，分批次激活老用户。

需要提醒的是，秒杀活动更适合新手和新产品推广，可以限定每一个单品做 10 次以内的秒杀活动，不宜长期针对某一个单品做秒杀活动。

第 5 节

做拼购既卖货又能获得新用户

拼购是 2018 年的电商主流模式,拼多多成功在美国纳斯达克上市,给了云集、贝店、蜜芽很大的信心,就连生鲜物流里都有了每日优鲜这样的品牌。大家高举社交电商的大旗,在微信朋友圈里到处招募代理商,很多此前做微商的团队都转型加入了拼购平台,传统的电商品牌也纷纷加入拼购大军:京东推出了京东拼购;唯品会推出了云品仓;苏宁推出了苏宁拼购;国美推出了美店,并公布拼购业绩已经超过 20 亿元人民币,2019 年要面向全国招募 100 万卖家。

很显然,无论是称为社交电商,还是称为社群电商,各大电商平台都是来薅微信羊毛的,把一个又一个有带货能力的微信个人号圈到自己旗下,卖货分钱。离开了微信个人号,拼购就没有任何生存的土壤。

我们专门做微信个人号运营的企业要看清全民拼购的大潮,争抢的同样是 10 亿微信用户的购买力,如果跟各大电商平台硬拼,只会受伤更深,因此合理的建议是顺应拼购的潮流,但要做出自己的特色。

可以卖货,但不要贪求销售数量,每次设计成三人拼团即可,要求成功推荐两名新用户添加到微信好友,既卖货又能获得新用户。

各大平台的拼购都是以卖货为唯一目标,没有启用微信个人号策略,没有添加微信好友,只有小程序转发或者网页转发,因此缺乏与用户的深度互动。

第 6 节

设计零元产品做引流,打通线上线下

零元价格也能赢利,这不是开玩笑。

对于知识分享型产品而言,增加供应却不会增加成本,也就是边际成本为零,因此商家可以提供零元价格的知识分享型产品，前提是自己要有很强的知识生产能力。

如果是传统的培训行业，在知识分享型产品后面还可以设计一个市场较为认可的199元的知识付费产品，最后再设计一个单价更高的线下培训课程。

零元知识分享型产品推广渠道必须选择精准，可以考虑更多的异业合作，也可以跟付费推广的微信公众号合作，先添加微信个人号为好友，成功后再发送零元免费课程。

其他行业也可以把产品和服务知识化，比如邀请名师名家打造精品免费课程，利用千聊、小鹅通、荔枝微课等平台进行知识分享。寻找合作伙伴的过程，以获取用户为主要目标，然后通过零元销售知识分享产品，利用微信个人号流量池做进一步转化。

我们鼓励每一个行业，哪怕是最传统的线下行业，比如汽车维修、水产销售、药品制造、家具行业、房产销售、酒店住宿、金融产品、体育健身、家政服务等，都设计出自己独有的线上知识分享产品，通过线上线下的推广，获取精准用户，完成销售转化。

在过去的几年中，很多商家选择了用微信公众号以图文的形式推广行业知识和品牌知识，收到了良好的效果。在如今知识分享的大潮中，把微信图文变成名师名家讲授的课程，把追求文章阅读量变成追求添加微信个人号为好友，是一种行之有效的运营策略。

我 | 的 | 思 | 考

第15章

案例

微信个人号配合公众号，
她年销 10 个亿

问题 1

单品爆款团购为什么更适合微信电商？

问题 2

怎样才能做到 80% 的用户复购率？

问题 3

运营公众号为什么一定离不开个人号？

问题 4

做微信你能坚持长期输出优质内容吗？

问题 5

微信个人号推荐团购为什么更容易成功？

问题 6

微信售后让每一个用户都满意是笨方法吗？

问题 7

用微信团购怎样才能一年卖 10 亿？

问题 8

你能做到"不打扰、不建群、不群发"吗？

1.

开篇只有一支笔,一路"打怪升级",秦丽华终于打赢了大 Boss——10 亿元。

2018 年全年,她做微信电商团购实现成交 10 亿元,其中 80% 是复购。仅双十一这一天,微信小程序里的销售就超过 1000 万元。全年多种单品的销售额达到几十万甚至几百万元。

秦丽华店里上千种商品就两个特点:进口产品和女性购买。

为什么能有 80% 的复购?因为高效利用了微信公众号和微信个人号。

秦丽华说,做微信电商就是要做高复购。

在微信上卖进口母婴产品并不是秦丽华最早的想法,她一开始只是写写育儿经验,2012 年有了第一个孩子后开了微博,账号就叫"秦麻麻";2013 年转战微信,开始更新微信公众号文章,定位 0~4 岁前沿育儿知识和母婴用品测评。

先介绍知识,再测评产品,找厂家谈判,单品做团购,这是秦丽华做微信电商的逻辑。

她的客人不叫客人,叫妞儿。妞儿们既是她微信公众号内容的读者、传播者,也是她微信个人号的好友,维护这些好友的人是"包妈小助手"。包妈小助手和妞儿不是买卖关系,而是姐们儿,是闺蜜,是一起分享育儿知识和生活经验的朋友。

产品在这种关系里的地位是什么?产品是关系的黏合剂。

能够带来 80% 的复购,让顾客买了还买,一定还有产品之外的原因。从下面的评论中我们不难捕捉到一些信息。

"感觉之前的奶都白喝了,这个好喝,包妈推荐,放心。"
"特柔软的一款纸尿裤,值得信赖的好品牌,已经买了无限次了。"

如果你有产品,也可以试试找秦麻麻供货,不过这是一座独木桥,成千上万的产品中每个月仅有 200 多种能进备选,而其中最多只有 15 种可以"开团"。

正是因为秦麻麻的眼光足够挑剔,一般的产品很难被挑中,久而久之,品质就成了"严选"。

不曾想做微信电商卖货,一年能做 10 亿元,秦丽华的初心是"一支笔写写东西"。

 我 | 的 | 思 | 考

2.

用笔写东西,只能用三个字形容——苦哈哈。

秦丽华一边带孩子,一边写文章,文章也没几个人看。一开始就是要交朋友,没想过卖东西。

做微信公众号,加上微信个人号才是绝配。大家都有养孩子的烦恼需要倾诉,志趣相投,在微信公众号上聊不如个人号聊得那么透彻。别人叫她"包妈",她叫别人"妞儿"。

每天自己公众号的文章一更新,包妈就会转发到朋友圈,同时推送给妞儿们,等待大家的反馈。

2014 年的很长时间里,"秦麻麻"微信公众号的文章阅读量始终徘徊在一千上下,这是一个让人很尴尬的数字,有人关注,但关注的人并不多。

同年 11 月 2 日,《两岁的宝宝为什么如此烦人?家长又该如何应对?》一文突然爆红,一夜之间就有上万的阅读量。下面是文中比较精彩的段落。

"两岁左右的宝贝正处于语言发展阶段,思维比语言先行。宝贝在他想要某东西而得不到时都会感到恼火。当由于缺乏语言表达而产生挫败感时宝贝就会表现反常,这时非常需要家长的理解。要想帮助宝贝,很显然,妈咪的首要任务是和宝贝说话,倾听,再说话。宝贝感情表达了,心情平静了,自然也就不会再哭闹了。"

那时候,秦丽华的微信公众号还没有获得评论功能,妞儿们都在她微信朋友圈回复说文章很有启发意义,并纷纷帮助转发推荐。很显然,秦丽华为这篇文章做足了准备:文章后面附了几十篇精选文章,单看标题就知道能吸引很多人关注。下面是其中的 5 篇文章。

- 《14 款儿童牙刷横评 & 爱上刷牙秘方》
- 《6 个月后的宝宝加辅食,吃什么?用什么?营养如何搭配?》
- 《0~3 岁宝宝敏感期,这些你都做到了吗?》
- 《宝宝打人、对着干、没礼貌、任性、说话不算,家长该怎么办?》
- 《纯干货!一步一步教你如何让宝宝爱上睡觉!》

丰富的内容积累,再加上朋友们热心推荐,"秦麻麻"开始走进更多年轻妈妈的阅读世界,很快公众号突破 20 万粉丝,个人号也加满了 5000 好友。

半个多月后的 2014 年 11 月 28 日,第一次尝试团购,秦丽华要解决的是宝妈们最担心的水质问题:"给孩子买的奶粉再好,水质不好,照样是白花钱。"

秦丽华先在朋友圈发了一条消息,问有没有人对某某净水滤芯感兴趣,反馈很热烈。团购也异常热烈,一盒 6 个,220 元,60 盒很快团完;10 天后断货再补,6000 盒 2 天团完,销售 120 万元。

秦丽华成了那个愿意帮助妈妈们寻找和推荐好东西、解决养儿难题的好朋友。

账号不火时焦虑,账号火了开始天天忙活,连喘口气都来不及。商家找上门要求合作,秦丽华需要马不停蹄地一家家去体验考察,考察完,秦丽华会在朋友圈做小范围测试,收集宝妈们的使用体验,最终决定团还是不团。

3.

> 我 | 的 | 思 | 考

知识是第一生产力，不断地提供教学科普和攻略教程会完成售前引导并持续带来购买。

当"秦麻麻"微信公众号粉丝涨到 200 万的时候，微信个人号的客服队伍也达到了上百人。

秦丽华发现用微信个人号逐一沟通，复购率才有保证。

知识变现开始。

一开始，图书是最受欢迎的品类，秦丽华在公众号里展示图书，又教宝妈们如何带着孩子诵读。

2015 年 4 月，单词点读套装一次开团卖 4400 套。
2015 年 7 月，《我的第一本数学童话》一次开团卖 10 000 套。

每一次团购后，包妈小助手都会通过微信个人号沟通，收集妞儿们的反馈，不好的地方立即改正。

"你会发现你买的东西有人会负责，当你不满意退货时，客服会拿你当自己亲人一样对待，及时沟通，甚至先把钱退给你。"

"包妈的客服很好啊，寄过来的时候，快递把外包装弄破了，连里面的货都殃及了，我就联系客服换货，服务很及时，也很到位。"

"我们都是当妈的，都想给孩子最好的，感谢包妈，继续支持你。"

微信上反复确认和沟通，是给用户最大的尊重，这些努力也成功获取了用户信任，这是每一个"秦麻麻"客服人员的功劳。也正因此，秦麻麻的小程序商城里有个很神奇的现象——件件商品"好评率100%"。

秦丽华坦言，这是一种"极端的售后服务模式"。

"母婴产品很特殊，用户复购高，但获得用户信任成本很大。我们要把售后的成本看作营销推广成本，看作一种投资。当下我们的无条件退换看起来是超前的，但是用户体验好了，用户的忠诚度就相对较高。得到用户的信任，这对于粉丝流量转化以及用户主动分享都会起到至关重要的推动作用。"

2018年，秦麻麻微信公众号粉丝增长到800万，相继产生的细分账号矩阵涵盖了科学育儿、海外教育、亲子阅读、儿童心理、女性等多个领域，抖音号、头条号和微信公众号等覆盖粉丝量达到2000万人。

梳理自己这五年做微信电商的经历，秦丽华有一条原则：坚持通过"亲自体验"为姐妹们带去最满意的用户体验。

2019年春节档，累计票房20亿元的电影《熊出没》的片方找到秦丽华一起做首映会。秦丽华带着征集来的几十个孩子一起去电影院，她玩得像孩子一样开心。

"这样不赚钱的活动我们也经常做，我们不卖电影票，相反还要去找剧组要电影票送给大家当福利。我们就是想把最好的体验给大家，电影要是不好看，孩子们看得不满意，我们照样会实话实说。"

虽然一年有10亿元的收入，但是利润一直很有限，因为秦麻麻的电商是做团购的，要跟上游供货商砍价，帮大家省钱。秦丽华认为挣钱不是目的，"轻松育儿，快乐带娃"的初心不能变。

2019年1月30日，秦丽华的公司第三次开年会，她发了条朋友圈："从启程到超越再到攀登，每一步走来都不容易。还记得四年前的我还只是窝在家里，每天穿着睡衣写稿，转眼间，我们成长了这么多。谢谢每一位努力成长破茧重生的小伙伴，创业很艰难，但是因为有了你们，我觉得我是世界上最幸福的人。感动、感恩、感谢。"

包妈小助手微信个人号都转发了，引来点赞无数。

我 | 的 | 思 | 考

4.

"启程，超越，攀登"，秦麻麻微信个人号提供的"极端售后服务"始终如一。

秦麻麻只要一公布自己新开的微信个人号，没几天就能加满。微信公众号是"xxbmm123"，微信个人号从头开始：

xxbmm001，加满。
xxbmm002，加满。
xxbmm111，加满。
xxbmm333，加满。
xxbmm1111，加满。
……

目前，已经加到了 xxbmm2222。

这么多微信个人号，怎么管理是个问题。

xxbmm 系列都是客服号，都叫"包妈小助手"，一方面帮助包妈处理电商售货问题，一方面推广公众号文章，使得公众号阅读量在 10 万以上的文章超过 600 篇。

"从 2015 年开始，微信公众号打开率逐年下降，80% 的人都是从朋友圈里看文章。幸亏我们有一群微信个人号，这几年推广要是离开了微信个人号好友，根本就推不动。"

四年时间，粉丝从零起步，到 20 万，到 800 万，再到 2000 万，包妈的每一个微信个人号好友对于公众号文章的推广来说都功不可没。好的内容加上良好的朋友关系，粉丝都心甘情愿转发推荐。只有传得远，秦麻麻的影响力才能保持增长。

账号多，管理的难度也就大了。客服总监提出来，能不能像做微商一样，使用软件来解决群发、点赞等问题？秦丽华没有同意。

"我特别讨厌打扰用户，我们得对粉丝好，让妈妈们满意。你看我的时候，我在朋友圈美美哒，你不找我，我不会打扰你。"

为了不打扰用户，秦丽华让团队多雇一些人做客服，每一个客服上岗第一件事就是要牢记："不打扰、不建群、不群发"。

坚持一个电话号码注册一个微信，一部手机上只装一个微信，一个微信由一个专门的客服值守。

坚持一部手机一个流量包，不用 Wi-Fi 登录。

坚持不碰任何黄赌毒的信息。

坚持被动添加好友，不用批量添加好友软件。

四年坚持，结果是到现在所有的微信个人账号还都活着，这全靠了庞大的微信个人号客服团队的恪守原则，用心服务用户。

2019 年 1 月 9 日，秦丽华从微信之父张小龙的演讲中听到一个新理念："让每一个企业员工都成为企业服务的窗口。人就是服务，因为人更有灵活性，并且服务是更到位的。在重要的时候，人起的作用是最大的，人的界面也是最友好的。"

秦丽华觉得自己四年的坚持算是做对了：抓住了微信的本质——人。

思考点拨

问题 1：
单品爆款团购为什么更适合微信电商？

提示：购买来自信任，信任来自严选，严选来自微信运营者为特定群体提供的特权价格。其实 1 亿元并不算多，按每个单品单价 100 元算，哪怕只有 1 万人团购，就是 100 万元，全年只用团 100 次就是 1 亿元了。

问题 2：
怎样才能做到 80% 的用户复购率？

提示：只有通过微信个人号上的私密关系才能做到。运营者可以通过朋友圈引领微信个人号好友体验品质生活，用户买到的都是自己想要的生活，这样的美好生活图景，每日每夜不停地展示，购买自然持久绵长。

问题 3：
运营公众号为什么一定离不开个人号？

提示：在微信公众号中，运营者只能用文章这一种方式影响用户，聊天对话远不如个人号自由随意，更没有朋友圈里的相互关照，缺少一对一的私密沟通，有很大的局限性。有了微信个人号流量池，不仅可以直接转发公众号文章来增加文章阅读量、提升传播效率，还能建立运营者与用户的新关系，开启更有黏性的电商精细化运营。

 我 的 思 考

问题 4：
做微信你能坚持长期输出优质内容吗？

提示：很少有人重视内容输出在电子商务中的作用，与纯粹卖货的电商相比，微信电商最重要的标志就是输出优质内容。公众号需要至少一天一篇原创文章，而朋友圈需要每天至少 10 条优质的图、文或小视频等内容，每隔一个小时发一次。用内容吸引用户参与到运营者的生活圈，运营者才有机会引领用户体验美好生活。

问题 5：
微信个人号推荐团购为什么更容易成功？

提示：因为购买首先来自于用户对运营者推荐的产品和服务的信任，其次用户的购买会引发用户的推荐，从而影响到更多的人。最重要的是，微信个人号可以通过私密性带给用户专属特权的购买体验。

问题 6：
微信售后让每一个用户都满意是笨方法吗？

提示：让每一个用户都满意会给商家带来更多的退换货，同时需要更多的客服人员，但也有好处，好处是用户会复购和推荐新用户，应两者相权衡。一开始无利可图的时候的确"很笨"，随着时间拉长，销售会变得越来越简单。

问题 7：
用微信团购怎样才能一年卖 10 亿？

提示：首先要覆盖足够多有较强购买力的人群（这正是秦麻麻一直在做的，微信公众号矩阵覆盖 2000 万宝妈的各种需求，并能带来用户的持续增加）；

其次要建自己独特的微信个人号流量池；最后，运营者的个人魅力要让用户始终信服。要让用户相信，靠团购能带来高品质的、省钱的好产品，要让大家买得开心、放心和安心。

问题 8：
你能做到"不打扰、不建群、不群发"吗？

提示：运营微信个人号时，要把用户当朋友，就像张小龙说的，"如果微信是一个人，它一定是你最好的朋友，你才愿意花那么多时间给它。那么，我怎么舍得在你最好的朋友脸上贴一个广告呢？你每次见他，都要先看完广告才能揭开广告跟他说话"。"不打扰、不建群、不群发"说来容易，等到了急着要把货卖出去的时候，真正能做到的人没几个。建议尽量把精力放在每一天每一条的朋友圈互动上，而不是急匆匆地去打扰用户，去发广告。

 我 | 的 | 思 | 考

总结

想要通过微信公众账号变现，离不开微信个人好友做支撑。为每一个微信好友提供"极端的售后服务"，虽然会有大量的人力和金钱成本，但却能给用户带来更高的满意度，为企业带来更多的复购。这也正是秦麻麻只用几年时间，就做到靠团购爆款达到年销额 10 亿元的秘诀。

第16章

案例

一个微信月销 10 万，
他一口气复制 50 个

问题 1

高档商场里开店的租金中有多少是冤枉钱?

问题 2

店铺无人进来就只能坐以待毙吗?

问题 3

为什么从高档商场里加的好友更容易实现成交?

问题 4

老板们都是如何被店员用微信架空的?

问题 5

要打造个人号,为什么不能在朋友圈里转发公众号文章?

问题 6

朋友圈里的买家秀和销售是什么关系?

问题 7

如何把整个商场的几万人都变成你的好友?

问题 8

用微信搞活动怎样做到一次投资长期收益?

1.

林亦辰喜欢有问题就追着 Leck 问,他把 Leck 这样的 90 后看成"互联网原住民",把自己看成"互联网难民"。

自从公司买了 50 部手机和 50 个 iPad mini,与之关联的 50 个微信个人号就成了林亦辰的牵挂。他觉得有问题问 Leck 更好张嘴,毕竟互联网原住民 Leck 已经有五年的微信个人号运营经验,问明白了才好指导自己的员工用好微信。

Leck 是冯平公司的营销总监,2018 年年底前帮助林亦辰的公司部署了微信个人号运营系统,一共 50 个微信个人号,对应着林亦辰分布于全国各大城市的 40 个商场店铺和一个天猫店。

在微信运营上,林亦辰把 Leck 当成自己的"小老师",特别是知道 Leck 曾经在商场里用 4 天加到了 4 万微信好友后,更是兴奋不已。

林亦辰是从浙江打拼到上海的,在浙江的家里,家族企业三代人都在做鞋,为国际品牌代工,30 多年积累下来丰富的生产经验。

从林亦辰这一代开始,家族企业决定要做自己的鞋业品牌,进军上海。于是在上海开了新的商贸公司,立足上海,向全国布局开店,一边代理销售国际知名品牌,一边请国际知名设计师设计属于他们的高端女鞋。

北京朝阳大悦城、上海久光城市百货、天津伊势丹现代城、重庆北城龙湖天街、成都王府井百货、武汉国际广场、南京德基广场、济南银座商城、沈阳万象城,在全国一二线城市,林亦辰先后开了 40 多家店。

店里国际大牌云集,产品应有尽有,菲拉格慕、华伦天奴、纪梵希、Kenzo、Fendi、Mou……

Leck 在服务林亦辰公司之前,专门探访过林亦辰的上海店。店铺在商场二楼,跟其他女鞋同在一个区域，店铺装修跟周边的其他国际大牌相比很亮眼，鞋的价格也都在 2000 元上下，款式紧跟国际大牌的潮流。

同样的设计感，同样的品质，同样的商场楼层，同样来自著名设计师，价格上却比国际大牌便宜，所以林亦辰的产品很有市场竞争力。但问题是，商场的人气并不高，进店的人更少。

林亦辰也证实了这一点，全年看下来，40 多个店铺只有一小半能赢利。

"进店人气不够是全国各个店都存在的问题，Leck 你们有什么好办法一定要教我们。"

做品牌就要有投入，林亦辰有决心坚持下去。用代加工业务的利润来支撑品牌店铺的生意，短期还可以，但如何长期持续下去？为此林亦辰很焦虑，他迫切地希望能有办法扭转局面。

我 | 的 | 思 | 考

2.

林亦辰第一次感到微信个人号的力量是在 2018 年下半年。

他的 40 多家店里，生意最好的是北京汉光店，店长在汇报工作时无意间提到自己手里有个微信号，上面有 4000 多个好友，都是进店购买过的老客户。

汉光店的销售额差不多一个月 50 万元，其中有 10 万元是在微信上成交的，即便是在淡季，微信号上也能维持每月七八万元的收入。

跟汉光店的店长聊完，林亦辰又问了其他店的情况，结论是：其他40多家店中，有31家店有专门服务客人的微信个人号，11家店没有。店里微信个人号好友最多的有1000多个，最少的只有30多个。

微信上的客人确实能成交，他们平时看到好的新款，又没有时间逛商场的时候，就会选择微信购买。武汉的店长还曾主动上门给客人拉去一箱鞋子让客人挑，客人一次买了两双。

"如果都能像汉光店一样，每个店有4000个微信好友，每个月微信卖10万元，每个月就会多400万元收入，一年就是5000万元，这个账很容易算。"

林亦辰通过朋友介绍，找到冯平公司寻求帮助的时候，眉飞色舞地向Leck他们描述自己公司的愿景。

Leck："没问题，我们肯定能帮上忙。第一步，你得先花钱把店长的微信统一变成公司的微信。"

林亦辰："为什么？"

Leck："微信上一旦有客人，这个微信就是公司财产，所有权在老板，员工只有使用权。"

尴尬的事情果然发生了！林亦辰想要登录各店的微信了解一下具体情况，有人很乐意，有人却找各种理由迟迟拖着不让看。

"怎么办？有没有大家都能接受的方法？"

Leck的建议是把手机全部收回总部管理，给店长们配备iPad mini，实现双登录。

将30多个微信陆续从全国各店收回来的第一天，林亦辰随手发了一条朋友圈："新鞋来了"，并配了一张刚刚由意大利设计师确认可以发布的新款图。很快就有4个客人咨询购买，这给了林亦辰很大的信心。

"真没想到用微信个人号做销售,效果这么好。"

2019年春节前,林亦辰给所有店里统一配齐手机和iPad mini,手机放在总部,iPad mini 放在全国各个分店的店长手里。

我 | 的 | 思 | 考

3.

林亦辰还是低估了多个微信账号运营的难度。

各个店铺微信个人号的朋友圈怎么发,谁来发,是林亦辰面临的第一个难题。

公司总部有一个负责微信公众号运营的编辑,林亦辰让编辑来负责发朋友圈,几天后,店长们就炸锅了:"发的都什么啊,转发公众号文章太多了,客人们不爱看,都要屏蔽。"

这个锅,只能林亦辰来背。

当 Leck 问到编辑为什么要这样发的时候,编辑的回答让 Leck 哭笑不得。

"因为老板喜欢看文章,要我们每天转他的朋友圈文章,一天发十来条。老板让我再想点其他有意思的内容,可我天天忙得没空,只能发广告。"

Leck 向林亦辰解释道:

"林总,不能把您的个人爱好强加给客人们。"

"我没有强加啊,我让他们去找好的内容发了啊。"

林亦辰刚解释两句,就意识到是自己发出的指令出了问题,员工没时间创作好内容,又要讨老板喜欢,就只能应付了事。

"专业的人干专业的事,50 个号的朋友圈,发好了才有用,发不好就把账号发死了。"

很快,林亦辰就让人力资源总监新招了一名有经验的编辑来专门负责朋友圈内容创作。

"最有销售力的朋友圈内容是买家秀,朋友圈编辑必须跟店长们密切配合,多收集买家秀。"

Leck 把公司运营账号七年来发的 10 000 多条朋友圈印成册子,交给朋友圈编辑模仿和学习,几天后,内容质量终于稳定下来。

"鞋子是我们生产的,每一双我们都有感情,鞋子穿在客人身上,客人也有他的情感表达。我们的朋友圈就是要用这些有情感的文字和图片去打动更多的人,这可比转发那些文章有价值得多了。"

图发得好,客人愿意看,微信有了销售,店里就有提成,店长们的配合热情也纷纷高涨起来。

而那些没有微信好友的店铺,只能眼睁睁看着,林亦辰希望每个店都能早日活跃起来。

"Leck,好友上不来怎么办?没有好友没客人,我们心里没底气,4 天加 4 万好友,你们都是怎么做到的?快教教我们。"

4.

4 天加 4 万好友,这是一个经典的商场加粉案例,特别适合在商场开店的人借鉴。

Leck 和 20 多个小伙伴在 2018 年一起完成了这个案例,充分发挥了微信个人号的巨大威力。

Leck："如果你是商场的老板，投资几个亿，你真正得到的最有价值的是什么？为什么国际一线品牌都愿意付你租金租你的场地开店？"

林亦辰："因为人气，高档商场里吸引的都是有钱人。"

Leck："如果你花几万块钱，把来商场里的人都变成你的微信好友，你是不是省了几个亿，就在你的微信里建了一个自己的商场？"

这话一下子就点醒了林亦辰："微信就是商场，我得花小钱办大事，把别人的商场变成自己的商场，这太有意思了。"

Leck："商场附近的有钱人不会每天都进店，很多人一两个月也逛不了一次商场。你们北京汉光店的4000微信好友，是常年积累的结果，其他店想要一次获得成千上万的好友，必须抓住机会，趁着人多的时候做活动。"

在 Leck 看来，自从有了微信个人号，商铺和商家关系开始发生本质变化。

在有微信个人号之前，商场里的商铺只能被动等客上门；有了微信个人号之后，商场里的商铺就能主动出击。只有更多地把商场的顾客拿在自己手里，商铺投入的租金才能有更大的产出。

Leck 并不是商场的长期租客，他们只是在商场做了 4 天的活动，利用微信个人号拿到的"客流红利"却远比商场的长期租客还要丰盛。

 我 | 的 | 思 | 考

2018 年劳动节，Leck 和他的小伙伴们租下一家商场的一楼大厅，租期 4 天。

劳动节期间，正是商场客流的集中爆发期，为了能吸引更多年轻人参与，Leck 等人组织了一场为期 4 天的大型世界名猫展，为此投入了 20 个人，上了 20 个微信个人号，送出去 5 万多份小礼物。

猫文化深受当下年轻人的欢迎，一次看到几十种来自世界各地的名猫，很多人异常兴奋。

Leck："我们上了 20 个号，要不是微信的被动添加一天一个号最多只能加 500 人，我们加上来的人会更多。"

林亦辰反复向 Leck 以求证各种活动细节，希望能成功复制"4 天 4 万人"的奇迹。

以往做商场活动，他们更多是考虑现场的热闹程度，今后要围绕微信个人号"吸粉"来设计。Leck 把自己成功的经验一条条总结如下：

一，设计有趣的细节，让顾客能参与进来。
二，二维码要有设计感，融进活动陈设，成为展台的一部分。
三，最好有一个 6 位的 QQ 号，这样简单易记，顾客搜 QQ 号就能快速添加微信。
四，为避免人多拥堵，关掉"加好友需要验证"。
五，快速与刚加入的好友对话，对话内容可复制粘贴用于说明账号后续能提供的价值。
六，对于加上来的好友，鼓励他们发朋友圈，可以配合一定奖励。

林亦辰边听 Leck 总结，边衡量如何嫁接到自己的产品和店铺活动中："每个店一年可以做两次，春夏发布会一次，秋冬发布会一次。活动不能做得太密集，太密集的话，估计人群重复太严重，成本也高。"

林亦辰手里有品牌资源，也有模特资源，更有国际品质的策划能力，他决定从 40 多家店中挑出 10 家店先开展活动，测试效果。

两个月后，第一轮活动在全国各店轮番做完，效果远远好于预期。

最多的一家店加粉 9000 多人，销售额从每个月 20 万元，一下子提升到 40 万元，翻了一番。

最少的店两个号也加了 3000 多人，由于店长执行不力，被林亦辰换掉，从销售人员里临时提拔了一个新店长。即便这样，一个月下来，业绩也有 10 万元的增加。

"Gucci 也悄悄派人来看我们的玩法，跟着学，他们回去也上了一批店长个人号。"

林亦辰开始向 Leck 炫耀，有国际大牌也在模仿他们。"不过没关系，等他们追上来，我们就又升级换代了。Leck 你们做了六七年了，经验丰富，有你们帮着改进，我们有信心一直领先。"

思考点拨

问题 1：
高档商场里开店的租金中有多少是冤枉钱？

提示：高档商场能吸引高端消费人群，高端消费人群能带来高消费，相对来说，同品类的产品在高档商场里服务会更好，价格会更高，因此高档商场收取高额租金是合理的。但是，如果你为此付出了高额租金，却没有高端消费人群进店，就只能自认倒霉了。

问题 2：
店铺无人进来就只能坐以待毙吗？

提示：店铺要主动出击，在用户身上做文章。传

> 我 | 的 | 思 | 考

统的做法是在商场里投放引导广告,吸引每一个进了商场的人进店。这种方式的缺点是成本很高,而且用户无法一波一波进店。必须加上全新的方式——利用微信个人号吸引用户,把每一个商场用户都变成微信个人号好友,利用店铺陈设和微信个人号两种方式影响用户的购买决策。

问题 3:
为什么从高档商场里加的好友更容易实现成交?

提示:高档商场店铺的装修和陈设能彰显品牌实力,能使用户更容易对店铺的微信好友产生信任感,使成交更容易。店铺微信个人号的头像、昵称、背景和朋友圈内容类似于店铺的装修和陈设,故也要花心思展现出高档商场的感觉。

问题 4:
老板们都是如何被店员用微信架空的?

提示:如果只关心业务数字,不关心具体的用户,用户都在店长和店员的微信里,老板就会轻易被架空。店员如果将在工作中积攒下的"窍门"私有化,并发展到了"离开我,公司玩不转"这个地步,对企业来说是一种巨大风险。

问题 5:
要打造个人号,为什么不能在朋友圈里转发公众号文章?

提示:微信公众号文章需要用户点开查看,这是一次链接跳转,更是用户注意力的跳转。统计显示,有 80% 以上的跳转再也回不到原来的起点,这对企业来讲是一种损失,会让好不容易吸引过来的用户注意力分散。如果真觉得微信公众号文章内容好,可以选取文章里的图片和几行文字,发起一个小话题，这样可以避免用户注意力跳转，从而创造直接在朋友圈评论里与用户对话沟通的机会。

我 | 的 | 思 | 考

问题 6：
朋友圈里的买家秀和销售是什么关系？

提示：朋友圈发买家秀的唯一目的是销售，这符合微信朋友圈"不要发广告"的调性。如果朋友圈 80% 的内容用来"装修和陈设"，用于打造运营者的个人魅力，那么剩下 20% 的朋友圈内容就要让买家出镜，多讲买家故事，多展示买家的好评，用买家秀来做广告，吸引用户购买。

问题 7：
如何把整个商场的几万人都变成你的好友？

提示：选取节假日人气最旺的几天做短期活动，设计用户最愿意参加的互动场景，为用户提供有足够吸引力的小礼物，同时投入 10～20 个人，让他们每人负责一个微信个人号，争取每人每天被动添加 500 人。

问题 8：
用微信搞活动怎样做到一次投资长期收益？

提示：店铺通过搞商场活动跟用户成为微信个人号好友，告知用户有哪些福利，尝试邀约到店做体验；每天保持跟用户的朋友圈互动，日常推出一些小的微信活动，邀请微信好友们参与；在情人节、女神节、双十一等大型节日，在微信上推出大型活动；也可以选择一些爆款单品做网上拼购活动，把线上活动和线下活动日常化。

总结

在高档商场租店铺的商家不能坐等客人上门，要主动出击：用微信个人号做活动，快速获取大量好友，把整个商场的客流都变成自己的用户。在朋友圈要多展示、多交流，以促成更多成交，这是掌握经营主动权的好方法。

第17章

案例
零元引流，
　课程助教，
　　打通线上线下培训

问题 1

做教育培训行业哪类用户付费意愿最强?

问题 2

如何防止学员绕开机构直接用微信联系老师?

问题 3

为什么用微信个人号更容易以老带新?

问题 4

怎样用一张图片让用户主动传播?

问题 5

知识付费相比传统的教育培训有什么优势?

问题 6

知识付费能否做到单课程上千万元的销售额?

问题 7

免费的网络课如何找到精准付费用户?

1.

> **我 | 的 | 思 | 考**

做培训行业快二十年了,赵申涛很少跟人提起他的老师——陈老师和刘老师。

"我跟着他们干的那几年,也就是学学销售,他们团队的销售能力确实很强,要不然后来也不可能做到一个 27 万元的课,一场会议下来四五百人买。"

1997 年赵申涛去深圳打工,第一份工作是销售太太口服液。2001 年跟着老板加入一个新的项目——"梦工厂",卖陈老师的课程。2003 年,陈老师课程的销售员刘老师自立门户,赵申涛又跟了刘老师。

2005 年刘老师去马来西亚学习,赵申涛就没再跟着,他选择离开深圳,回到湖北老家。7 年的课程销售经验,让他很容易就进入了一个高校的 EMBA 培训中心。

"在深圳卖课玩的主要是电话销售和会议营销,这里面门道很多,比高校培训机构厉害很多。"

2005 年,高校 EMBA 培训中心还是正规的高校机构授权的部门,亮点主要是能获得学位,学员中高级管理人员居多。而赵申涛擅长的是卖总裁班的课给民营企业家,总裁班的概念比 MBA 学位班更容易打动学员,一个重要的原因是很多民营企业家有强烈的愿望借此机会走进高校跟专家教授们交流。

"我们都是一个城市挨着一个城市开大课,在当地报纸、广播上做广告,然后集中进行电话邀请。1980 元的门票基本上都是想各种办法送出去的。"

一个好的学院派总裁班大课，一般会邀请一个知名专家和一个知名企业家去讲，在大课上再用会议营销的方式做转化。效果好的时候，一个每年 3.6 万元学费的总裁班能轻松召到上百人。

"可惜那时候还没有微信，要是有微信，把老板们微信积累下来，现在该有多省事。"

2010 年前后，全国高校的 EMBA 都陆续扩大第三方合作办学的规模，干培训野路子出身的赵申涛趁机自己单干，他要成为学院派的正规军。

"我们只会打电话，做会议营销，微信出来了以后也没抓住机会，主要是因为对微信误会太深了。"

赵申涛所说的误会，是因为他曾经的老师——陈老师。

"2013 年有一天，一个自称是陈老师的人加我微信，一聊我就知道那不是陈老师。还没聊几句他就让我交 6800 元拜师，我一打听才知道那是课程代理商们用的一种销售套路。"

赵申涛不希望自己的高校总裁班沾上太多这种江湖气，于是要求员工不要用这种方式做销售，但由于考虑不深入，放弃了对微信其他可能性的探索。

"我当时没想明白，微信只是一个工具，就像一件兵器，在有些人手里是杀人凶器，但你也可以用它练成太极剑法，保护自己。"

2.

机会总是稍纵即逝。

赵申涛在做高校 EMBA 培训时，没有做自己的微信个人号，等到时过境迁，再想启动，发现难上加难。

2014 年，全国高校纷纷清理第三方办学机构，赵申涛的培训机构成了一个普通的民营培训机构。好在有过去几年的师资积累加上他敏锐的市场嗅觉，赵申涛连做了几场"互联网思维"的大课，收效很不错。

"那几年，老板们都对互联网思维感到焦虑，上过我们课的学员，一听说是成功的互联网企业家和专家来讲课，都很感兴趣。听得最多的课就是，怎么样包装一个互联网项目去拿 A、B、C 轮融资。"

互联网人带给赵申涛的不仅有互联网思维和互联网课程，还有深刻的教训。

"我发现，这些学员一上课都去加老师的微信，有啥事儿，绕开我们直接跟老师聊了。这太可怕了，时间长了，我就等于只收了点学费，学员最后都跟着老师跑了。"

赵申涛开始意识到，老师是自己花钱请来的，师资必须牢牢掌握在自己手里，不能让学员绕过自己。一定要由培训机构来帮助学员和老师搭建微信个人号的连接。跟员工们讨论之后的结果是，销售人员成为课程助教，在开课前和课程结束后反复强调让大家添加助教的微信个人号，由课程助教统一收集学员们的问题，再交由老师统一解答。

"老师们一开始不太好沟通，都想多认识听课的老板们，方便以后进行私下的合作。我们干脆就把问题摆到桌面上谈，帮助老师深入分析，企业内训课一天多少钱，顾问咨询一个项目多少钱，老师们会有多少收益。"

好在赵申涛的团队多年积累的功力足够深厚，其中一个

> 我 | 的 | 思 | 考

从业五年的课程助教特别善于聊微信，第一次大课后就转化了四个企业内训，这让整个团队都有了信心，也成为说服老师们的一个重要案例。

"后来我才知道，这个课程助教一直在研究如何用微信做销售，只是看我不太支持也就没说。长期的试手和摸索让他积累了大量的经验和教训。于是我干脆就成立了一个微信特别小组，任命他当组长，让他教大家怎么玩。"

培训行业客单价高，总裁班时代一个学员三五万学费，培训大课也得几千块。销售不能只靠自己的员工，历来都在用"以老带新"的方法来做市场，让老学员带新学员来听课，这能占到成交业绩的一半左右。赵申涛发现，自从员工们用上了微信个人号做课程助教以后，"以老带新"带来的成交业绩能占到总成交业绩的 70% 以上，而且转介绍成交的时间也大大缩短。

"以前，老学员即便有心帮你转介绍，因为没有特别合适的工具和方法，也就放弃了。现在我们的员工研究出专门的海报图片和文字，有方便老学员在朋友圈发的，有方便学员在微信群发的；上课前、上课中、上课以后，都有不同的文案。把握好时间节点，鼓励每个老学员发三五次，一般都能介绍过来 20 个左右的微信好友。成交以后就折算成新课程送给老学员。这就像滚雪球一样，越滚越大。"

在赵申涛看来，课程助教的朋友圈连接着老师和学员，也是非常重要的企业品牌。在咨询了专家的意见后，公司专门配备了一个专业摄影师和一个美工，用两个专职人员来打造培训机构"朋友圈品牌"。

"我们的课堂上，最活跃的是摄影师，他会给每个学员拍照，用最好的相机拍特写。上课时，学员的表情很难抓，我要求摄影师必须拍出每个学员的精气神。有时候要给一个学员拍二三十张，才能挑出来一张。"

在课程结束后，给学员们几张高颜值的课堂照片，是对他们最好的激励。赵申涛希望关注到课堂上的每一个学员，让每一个学员都变成课程助教们的朋友圈内容。

"传统课堂要求学员做笔记做作业，都是记到纸上做给老师看的。我们对此进行了创新，让学员记到各自的照片上，做成学习海报，做给所有人看。每个学员自己挑出最满意的照片，配上他自己最有体会的学习心得，当天课堂上学员们在听课时，我们的美工就一张张做出来，供学员们当天发。别小看这一张图，威力巨大，其实这才是最好的招生海报。"

我 | 的 | 思 | 考

3.

从 2016 年开始，传统教育培训行业迎来一次深刻的变革，互联网的知识付费大潮袭来。

罗辑思维、樊登读书会、蜻蜓 FM、喜马拉雅、荔枝微课、千聊、小鹅通等各种网络 App 层出不穷，199 元成了主流的培训课程收费单元。从罗辑思维转型的得到 App 上，原北京大学经济学教授薛兆丰主讲、售价 199 元的课程，有超过 38 万人购买。一个课程收入 7000 多万元，这让赵申涛有点不知所措了。

"我们线下培训，每次几十人，每人几千元才能活下去，知识付费来了以后，很多优秀的老师转去互联网平台上录课了，学员们也不愿意再花几千元，用几天时间坐那学习了，而更愿意花 199 元听课。我们眼看着就要被挤死了。"

老师走，学员跑，价格低，这三件事同时发生，让赵申涛感觉到窒息。他意识到，自己必须下决心再次升级，探索一条新路。

"学员不是没有学习需求，学员们是希望学习更便宜、更方便，希望利用碎片化时间来学习。老师不是没好的课程产品，老师们是希望听的人更多，讲一次课录好直接卖，不用重复讲。那问题应该就是出在我们身上，也许我们培训机构是多余的，就该自己革自己的命。"

2016 年 5 月，分答 App 上线，一个月后付费用户 100 万，交易额 1800 万元。
2016 年 6 月，得到 App 上线，19 个付费栏目，销售额超过 1.7 亿元。
2016 年 12 月，喜马拉雅 123 知识节，有马东、吴晓波等 800 多位大咖的产品上线，12 月 3 日当天一元秒杀，成交额突破 4 亿元。
2016 年年底，蜻蜓 FM 正式布局知识付费市场，推出的《蒋勋细说红楼梦》播放量达 2.2 亿次，高晓松的《矮大紧指北》第一个月付费用户 10 万人。

都说 2016 年是互联网知识付费元年，那一年，赵申涛略带绝望地盘点了一下自己手中的互联网资源：有一个网站，其实就是一个展示网页，没任何优势；有一个微信公众号，6000 多粉丝，日常文章 1000 多阅读，也没任何优势；有 8 个员工维护着 12 个微信个人号，有 3 万多老学员（赵申涛只恨自己当年每个月做千人大会时没要求加微信）。

"有很多同行不觉得知识付费能冲击培训行业，还在坚守老路。我不这么认为，我感觉风向已经变了，必须改变。跟互联网企业比，我没有钱，没有资源，只能做出自己的特色。"

赵申涛开始构思自己的第一个互联网课程，他希望这是一款单品卖 199 元的产品，且能有至少 1 万人购买。

2017 年春节过后，赵申涛连续推出了 4 个老师的网络课程，结果都失败了，最多的一个课程只有一千多人购买，距离一万人的目标相差甚远。复盘分析原因，赵申涛让团队多跟没买课程的微信好友聊天，争取跟 3 万人都聊一遍。

一个星期后，复盘结果逐渐清晰，老学员不习惯在微信上买 199 元的课，不知道网络课程跟线下培训有什么关系。

"说白了，那时候我们不懂得互联网的流量运作规律——得一层一层设计好，先从免费的流量开始,一上来就动用我们价值几千几万的老学员,让 3 万多老学员帮我们用微信推 199 元的产品,像是在闹着玩儿。"

我 | 的 | 思 | 考

赵申涛选择了三个合作多年的老师,帮助他们设计了一个由零元免费课、199 元网络课、5800 元线下课、36 000 元私董会共四部分组成的产品,开始做分阶段的推广,目标人群锁定中小企业主。

"免费课也要花钱推广,这是我们的教训。特别有意思的是,我们发现,去线下那些高大上的地方推广免费的线上课程效果最好。估计是别人怕花钱,没这么做。大家想的是免费的课就去免费的地方推广,但我们试了,发现这些地方根本没多少目标人群。"

赵申涛所说的"线下高大上的地方",主要是连锁餐饮、售楼中心、商业门店等。这样的资源,老学员中有很多,赵申涛让课程助教一一搜集过来。一个月时间,1 万多个带二维码的水牌铺到各个门店,光制作费就花了 20 多万元。在合作学员的店铺,收银员在结账时以赠送价值 1980 元网络课程的名义,提醒人们扫码领取免费课,可以自己听,也可以送给家里做生意的人听。效果出奇地好。

"照原计划,免费课一年内能吸引 100 万人听我们就特别满足了,而实际上,到第三个月的时候已经有 100 多万人听,全年收听的人数超过 300 万。对我们系列课程感兴趣并加了课程助教微信个人号的人超过 3 万。花 20 万块钱给一个课程带来 3 万粉丝,不管卖不卖课,我们都是稳赚不赔。"

4.

寒来暑往，赵申涛培训机构的微信个人号也超过了 40 个，精准的企业主好友增长到了 8 万人，来自微信的成交占到了全年收入的 60%。他笑称自己"躲过十万劫"，2018 年知识付费全面崛起，绞杀了大批传统的 EMBA 培训机构，到 2019 年，那些没能早早转型的同行已经倒闭大半。

"幸亏我转型早，手里还有点粉丝基础，要不然也早就被击沉了。"

2019 年，赵申涛的网络课程开始面向全国推行付费会员制，用户购买 199 元的会员，可以选听 6 门系列课。课程销售采用的是分销模式，推荐成功，有 50% 的分红。

"我把会员都理解成合伙人，2018 年能坚持听一年的会员，都可以申请成为合伙人。合伙人每年只需要成功推荐三个人购买会员，就不仅可以享受全部课程免费听的合伙人福利，还能赚 300 块钱，就相当于是合伙分红。"

赵申涛相信，互联网，特别是微信的"社交推荐"，已经让教育培训行业突破了教室地域的限制，任何一个教育培训机构都可以面向全国做市场，当然也要面对全国市场的竞争压力。

"以前设计的课程都是 40 分钟一节课，现在大家都用听的，一节课 15 分钟是个极限，我们专门有一个课程教老会员如何讲好一个 15 分钟的故事，用三节课吸引别人关注。在我们的平台上推广自己的品牌，讲得好人人都可以做老师，人人都可以做内容，通过知识付费赚钱。"

2019 年，赵申涛的目标是把年终大课开在歌诗达号邮轮上，让 2000 多位合伙人在邮轮上相互交流听课，把线下大课变成愉快的旅行。一年只做一次大课，其余的全部精力都用来打造能卖向全国的网络课程。

思考点拨

我 | 的 | 思 | 考

问题 1：
做教育培训行业哪类用户付费意愿最强？

提示：中小企业的老板。因为面对的竞争压力大，害怕落后，中小企业的老板愿意拿钱学习，愿意让团队学习，喜欢学习各种新模式和新方法，希望以此改善企业业绩。同时中小企业老板也有社交需求，通过结识其他老板，获得一定的社会资源。

问题 2：
如何防止学员绕开机构直接用微信联系老师？

提示：培训机构直接向学员提供系统化的微信个人号服务；做好班级微信群管理；提醒老师要通过机构的微信联系学员；与老师讨论课堂讲课以外的其他合作方式。

问题 3：
为什么用微信个人号更容易以老带新？

提示：要做到高效率地以老带新，有三件事情必须做好。第一件事情是让学员满意，这是硬功夫，关系到你的课程、服务、沟通能力等，不要勉强学员去转介绍，要把交情做到极致。第二件事就是为了方便学员转发到他自己的朋友圈，专门研发好的内容，让学员出于自己良好的切身体验自发地给培训机构传播口碑，把分享变简单，不要让学员去思考如何拍照、发图、发文字。第三件事就是要设计出灵活的返利机制，可以私下谈钱，谈返利，谈优惠，谈其他合作，每个学员的条件都可以不一样，可以单独约定，这就是微信私域流量打造私密关系的好处。

问题 4：
怎样用一张图片让用户主动传播？

提示：大众传播中的基本原则是"谁拍谁看，拍谁谁看"，在课堂这样的大众传播场合下，培训机构为每一个学员记录精彩的听课瞬间，每个人都会有不同的精彩。记录之后，要把学员的个人听课照片当作一个好的产品，围绕每个人的每一张照片，再升级出多张海报，变成每个学员独特的学习笔记、听课心得、课程分享，这样学员就会自觉自愿转发。每个企业家学员都有自己的企业家圈子，如果一堂课做得不好，悄无声息就过去了，大家听完就听完了。如果主动传播做得好，会激活一个又一个的企业家圈子。

问题 5：
知识付费相比传统的教育培训有什么优势？

提示：时间上，知识付费的用户拿着手机听语音、看视频、看文字，可以充分利用碎片化时间，不用专门抽几天的时间，中断工作去学习；空间上，知识付费的用户不用专门坐在教室里，他们只要拿着手机，随时随地都能学；价格上，知识付费因为用户数量不受地域、圈子、时间的限制，学员数量会几倍几十倍于教育培训的课堂学员，因此同样的课程，由于有更多人分摊成本，销售价格会更低，而这又反过来会刺激更多的人购买。

问题 6：
知识付费能否做到单课程上千万元的销售额？

提示：专门服务知识付费用户的微信小程序小鹅通，两年时间，有 35 万个老师（机构）发布了 350 万个知识付费产品，共销售 22 亿元，平均每个产品销售 628 元。得到 App 推出的 199 元课程《薛兆丰的经济学课》，付费用户超过 38 万人，销售额超过 7600 万元。

我 | 的 | 思 | 考

问题 7:
免费的网络课如何找到精准付费用户？

提示：首先要有良好的价格体系，先设计好引流课程，区分好引流课程和付费课程。给引流课程定价在 2000 元以上，虽是零元赠送，但要精心设计，体现其价值。完成产品和价格定位之后，要选择与那些用户敏感度不强的渠道（比如餐饮业）进行合作，像餐饮业这种有大量用户可以吸引但却不重视私域流量、没有搭建微信个人号体系的地方，完全可以用来完成精准客户引流。随后通过微信个人号的互动配合网络课程的沟通，销售定价 199 元的网络课程，之后再转化价格更高的线下课程，通过这样的三层转化，逐步把精准付费用户筛选出来。

总结　移动互联网时代新兴的知识付费行业，让教育培训行业举步维艰。教育培训行业生存的关键点还是如何抓住用户，是否能提供更适合时代需求的"有价知识"。把用户放在微信个人号的私域流量池，这两个行业都能活得很好的方法。

PRIV

CUSTO

06 第六部分

避免风险

第18章

避免风险的
原则和方法

第 1 节

如何解决老板跟员工的利益冲突

第 2 节

微信个人号的产权问题不容质疑

第 3 节

不要迷信微信群

第 4 节

不要贪图用免费流量获利

第 5 节

如何避免被封号

第 6 节

如何避免微信个人号老化

第 1 节

如何解决老板跟员工的利益冲突

很多情况下,一线员工比老板更知道微信个人号的价值,老板常常在发现员工离职带走微信用户的时候才追悔莫及。

按照微信的规则,微信个人号的所有权属于使用者,因此老板想要追回账号会特别困难。站在老板的角度,至少要做到以下三点:

(1)老板冲在第一线,用老板的角色跟用户打交道,让员工执行老板的决定,向用户提供服务。

(2)老板重视微信个人号的价值,全面启动微信个人号私域流量运营,用组织的力量解决问题:出钱购买手机、购买手机号、购买流量包、注册微信、绑定银行卡、掌握好密码,之后交给员工使用。提前跟员工达成一致,说明用微信个人号是工作安排,不是私人事务,员工不得用任何方式据为己有。

(3)用制度明确利益分配原则,对于微信个人号上产生的收入,要设置对应的激励措施。在岗期间可以对员工的付出进行奖励,比如按照用户数量奖励或者按照成交额奖励,离岗时则应收回微信个人号。

站在员工的角度,如果你的老板不重视微信个人号的价值,你可以将用户积累到自己手中,这从情理上也是说得通的,但这必须建立在公司允许的基础。

第 2 节

微信个人号的产权问题不容置疑

微信个人号私域流量的产权,包括手机固定资产、账号资产和用户资产三部分,最值钱的是用户资产。

从目前通行的企业资产估值的角度看,一个发生过在线支付的网络用户,估值可以达到 600 多元。因此一个拥有 5000 用户好友的微信个人号，估值最高可以达到 300 万元。

如果从销售收入的角度估值，平均每一个用户每年复购一次，每次 200 元，按 20% 的毛利计算，一个拥有 5000 用户好友的微信个人号，一年的收入可以达到 100 万元，毛利 40 万元。

有账不怕算，本书的案例中，有的能通过一个微信个人号的运营一年增收 50 多万元，有些能增收 100 多万元，这绝不是天方夜谭。

因此，企业如果不重视微信个人号的产权，放任自流，相当于每个账号每年损失了 50 万~300 万元。

企业防止资产流失的主要方法是，投入资金购买手机、手机号和流量包，做用户获取和用户互动，并组建团队专门运营微信个人号。

我 | 的 | 思 | 考

第 3 节

不要迷信微信群

社群电商是个热门话题，但很多人一厢情愿地把社群营销理解为在微信群里做营销；还有人把社区电商简单看作在社区里通过随意拉人建一个微信大群，然后直接开始做销售；更有人把目光投向别人手中的微信大群，希望进群后清洗用户，完成自己的营销布局。

其实，无论是社交电商、社群电商还是社区电商，真正起决定性作用的还是一个又一个的微信个人号，只要把微信个人号私域流量池做好了，一切营销问题都会迎刃而解。微信群在微信个人号面前，只能起到配角作用，而且有时候你辛辛苦苦建的微信群，最后常常会变成"毒药"。

微信群的"毒性"主要体现在这几个方面：

首先，有人在微信群里乱发广告，且你无法预知谁会在群里发违反相关法律法规的不当言论。一旦有这类事件发生，不但群会被封掉，作为群主的你还可能要承担法律责任。

其次，群通常是一开始热闹，没多久就冷却下来，很多群成员甚至会打开"消息免打扰"或退群，最终群变成死群。因此，如果真的要建群，一定要用完即走，快速建群，快速解散，解散前让群成员都添加群主微信个人号。

最后，企业没有义务和责任为用户相互认识而建群，通常情况下，运营者单独与用户建立的关系是最安全的，而如果用户在群里认识并相互添加了好友，很有可能因痛诉各自对产品的不满而放大对产品的负面印象。

如果你运气不好，还会遇到组团进群打劫群流量的人，他们会相互配合，吹吹打打把你的用户骗走，这对于用户体验也是很大伤害。

我们不鼓励建大群，只鼓励建小群，可以为每一个用户都建一个专属服务的VIP小群，群里除了用户，都是企业各岗位的服务人员，老板最好也在每一个VIP小群里。老板不一定非要加每一个用户为好友，也不一定非要在VIP小群里亮明身份并发言，但老板可以跟每一个用户在同一群里，这样能保证随时掌握用户情况，避免用户丢失。

第 4 节

不要贪图用免费流量获利

免费的东西最贵，贪图用免费流量获利，浪费的是时间和精力，最严重的是很可能白白错过大好机会。

微信个人号私域流量的运营，如果有可能的话，最好只服务成交用户和经过挑选的潜在用户，不要试图去免费平台上占便宜，或把别人手中的免费流量拿来转化成现金流。因为这样得到的流量往往质量不高，与品牌定估不符，至于直接变现，更是不可能。

我们要舍得花钱获取用户，认真做用户运营，少一点免费流量运营的想法。

我 | 的 | 思 | 考

第 5 节

如何避免被封号

账号安全是头等大事，封号就等于是用户资产被判了"死刑"。

严禁用微信个人号从事各种违法活动，比如售卖野生动物制品、催情迷药、非法保健品、非法销售药品、淫秽色情相关产品，以及违法办证、贩卖公民个人隐私、进行传销等，也不要使用各类非法工具或外挂软件。仅 2019 年 1 月和 2 月，微信就对 2800 多个微信账号进行了处罚。

微信对违规内容的处罚包括：一经发现即删除内容，并屏蔽微信朋友圈；对违规账号，将视情节对该微信账号进行警告、限制或禁止使用部分或全部功能、账号封停及永久封停处罚；对违规微信群，将视情节进行限制使用功能或封群处理；对违规链接将进行封禁处理，并公告处理结果。

为了保证微信个人号的安全，最好是每一部手机装一个微信，不能使用微信多开；每一个微信对应一个从电信运营商那里正常购买的手机号，不要使用物联网卡等无卡手机号；每一个手机号使用一个流量包，不要使用 Wi-Fi 流量，微信的安全机制会扫描手机串码，也会扫描 Wi-Fi 设备；尽可能把每一个微信账号都进行实名认证，绑定银行卡，建议可以购买微信支付里的理财通产品，几十元即可，这样可以降低被封号的概率。

使用微信要做到真人真机真动作，通过微信官网、腾讯其他官方渠道（如应用宝）或经腾讯授权的第三方（如苹果公司 App Store）获取微信官方版本客户端，不要使用经过任何修改的微信软件；不要使用各类非法工具、插件或外挂软件，包括 XP 框架、逆向工程、虚拟定位、自动打招呼等功能。

不要频繁主动添加微信好友，无论是用手机号添加、扫码添加，还是进微信群添加，都不行；不要频繁群发消息骚扰用户；24 小时以内发红包次数不要超过 200 个。同一台手机频繁登录不同的微信号，同一台手机多开不同的微信号，是有极高被封号危险的。

根据国家关于维护金融安全的规定，炒股群、荐股群、利用微信做资金盘也是严厉打击的对象。

不要使用微信账号为淘宝、天猫店铺刷单，反复提及微信和阿里巴巴，账号也有被封号的危险。

第 6 节

如何避免微信个人号老化

随着时间的推移，用户的需求会发生变化，账号上的成交会减少，会产生账号老化现象。至于如何避免微信个人号老化，需要从角色定位、用户获取和互动激活的角度多想办法。

微信个人号老化，往往是因为用户互动减少，用户产生遗忘，或者只顾在微信朋友圈发广告，被用户拉黑、屏蔽或删除好友。

推出新的产品，在微信个人号里做新品测试，多收集用户的反馈意见，或者推出新的朋友圈活动，吸引用户参与；或者增加对用户朋友圈的点赞和评论，都是可以尝试的方法。

持续做用户分层，筛选出会员用户、忠实用户、粉丝用户和沉默用户，并适当删除沉默用户，为微信个人号腾出位置。鼓励会员用户推荐新好友，为账号注入新鲜血液，也可以起到避免账号老化的作用。

不断从新渠道获取新用户，用新的微信个人号摸索新用户的需求，创新互动方法，除旧立新，是从根本上解决账号老化的方法。

 我｜的｜思｜考

第19章

案例
员工离职带走微信，
老板突遭生死考验

问题 1

如果创业，你有没有勇气去做高端人士的生意？

问题 2

开店真的只能靠位置吗？

问题 3

为什么跟高端人士打交道的生意一定会用到微信？

问题 4

如何避免离职员工偷走企业的微信用户？

问题 5

为什么总部要统一管理微信个人号？

问题 6

怎样管理兼顾总部管理和店铺销售的微信个人号？

1.

Zoe 今年 30 多岁，中等个儿，大大的眼睛，圆圆的脸，很有福相。

开店做生意十年了，最近这几年 Zoe 跟微信结下不解之缘，她开玩笑说："差点被气死。"

Zoe 18 岁的时候，从一个江南小镇到上海浦东机场做地勤服务人员。这份工作 Zoe 做得很努力，不为别的，只为做最好的自己。

在浦东机场，Zoe 很快就做到了贵宾厅，服务头等舱的客人。

因为嘴特别甜，也用心，Zoe 的服务质量一直都广受好评，Zoe 跟一些客人还成了朋友。

经常对贵宾客户迎来送往的时候，她发现：哦，原来高端人士是这样生活的。我也希望做个高端人士。

Zoe 家里并不富裕，是个普通家庭，所以想成为高端人士，Zoe 只能自己奋斗。

两年后，Zoe 决定应该做点事情，就和另外一个女孩决定在上海卖衣服，把衣服卖给有钱人。

上海哪里人多？哪里高端人士多？答案是田子坊。

早在民国时期，田子坊就是很多艺术家、设计师开始创意工作室的地方。

她们在田子坊选中了一个铺子，是一个著名艺术家的房子，跟艺术家商量后就租下来其中一部分用来开店。店面不大，梦想很大。

两个女孩子的创业路是从卖唐装开始的。

田子坊是个旅游胜地，来自世界各地热爱艺术和时尚的游客很多。Zoe 发现唐装很受欢迎。

因为没做过销售,生意并不容易。Zoe 每天都会给自己定一个标准:如果当天没有完成任务,就吃 6 元钱的饭;完成了,就犒劳自己一份 12 元的加鸡腿的饭。在那些年,鸡腿饭是她最美好的回忆,也是她努力奋斗的目标。

第一次考验,是散伙。

Zoe 的搭档因为要离开上海选择了退出。到底是放弃还是坚持,Zoe 前思后想,最终决定坚持,因为她很看好高端定制唐装的生意。

田子坊的艺术气息还是很有感染力的,Zoe 觉得她不是一个卖服装的,她卖的是艺术品。开店期间,她以前在机场贵宾厅结识的朋友有些成了她的客人。他们都认可 Zoe 的服装,这给了 Zoe 很大的信心。

2.

要跟高端人士打交道就要有高端人士的思维和眼界。那么,如何提高自己的思维和眼界?Zoe 用的方法是"洗眼睛",即用好东西"洗眼睛",多看多感悟。逛国外奢侈品店,参观艺术家的展览,寻访中国的传统文化,Zoe 的眼睛始终在寻找能打动人的东西,不放过任何学习的机会。

有一次看到几个民间艺人的手绣,她试着挑了一些放在自己的唐装上,没想到客人特别喜欢。Zoe 就跟民间艺人达成协议,长期采购他们的绣品,慢慢地,手绣成了他们家的一个特色。

> 我 | 的 | 思 | 考

田子坊的生意稳定下来后，Zoe 开始在全国寻找跟田子坊类似的地方，很快就在北京南锣鼓巷开了第二家店，在成都宽窄巷子开了第三家店。

在店面的陈设上，Zoe 不像其他商家一样把衣服一件件密集展示，而是把店面做成了一个唐装的艺术博物馆、一个艺术展厅，当人们进来的时候，首先感受到的是品牌感。

Zoe 这一路走来，一直专门于高端人士的需求，决不卖便宜货，因为她见过高端人士是怎么生活的。

唐装、高端、定制，Zoe 的品牌受到很多高端人士的欢迎。因为他们要出席各种重要场合，穿普通的衣服会显得没有特点的。加上很多高端人士随着年龄的增长，身材变得没有那么好，唐装穿起来反倒很合体、大气，显得雍容华贵、有文化气息。客人中不乏一些名人，这样口口相传，Zoe 的唐装在圈子里小有名气。

在四年多的时间里，Zoe 就在全国各大城市开了 10 家店，甚至在美国旧金山也开了一家。

十几家店开下来，Zoe 感觉很辛苦，好在店铺流量一直都很好。

品牌有特色，产品质量高，店铺位置好，橱窗布置得非常精美，陈设很讲究，Zoe 的品牌就这样做起来了。

不过这样的好日子没过多久，2017 年 Zoe 突然迎来了一个生死关头。

因为店长，因为微信，一个自己从来都没有重视过的问题，给 Zoe 致命一击。

3.

2017 年，一个在四年高速发展时期，跟 Zoe 一起打拼的店长辞职了。

当年在美国旧金山开店，就是她去做的店长，她是 Zoe 手下的一员大将，很贴心，对整个产业链、对客户情况一清二楚。

事后再看，这是一个准备已久的辞职决定。

这个店长离职之后，休整了一个月就开始出击了，出击的武器就是微信个人号。她因为在前端做销售，加了很多客人的微信，说起来，这些跟客户紧密联系的工具都是店里的财产，但是 Zoe 没想到的是，店长离开的时候用手机换解绑，把店里的微信带走了。而且不止一个，这个店长陆陆续续又联合了其他三个店长，前后一共有四个店长辞职。

这四个店长每个人有三部手机，提前把店里的微信解绑带走了，一共带走了 12 个微信。狙击战开始了，狙击的对象就是她们的老东家 Zoe。

直到这个时候，Zoe 才意识到问题的严重性。再好的地理位置，再好的店铺陈设，再好的产品，再好的服务，没有客人也都是浮云。客人的一个个成交都沉淀在小小的手机微信上，一旦微信被店长拿走，灭顶之灾就来了。

从道义上讲，这件事情那几位店长做得不厚道，但从商业上来讲，是老板犯了严重的错误：**对微信没有给予重视，没有把店铺微信个人号的运营提到最高优先级。**

意识到问题的时候已经晚了。

Zoe 试着跟这些店长谈，希望要回店里的微信客户资料，结果都没能如愿。

> 我 | 的 | 思 | 考

四个辞职的店长利用 12 个微信开始在朋友圈销售相似的唐装。她们更加灵活，因为多年在一线经验，她们了解客户，认识客户，跟客户见过面，熟悉程度远超过 Zoe。

四个人分工明确：一个总指挥，一个负责拍照，一个负责模特，一个负责销售。

她们在朋友圈发服装的照片，当客人询价的时候，她们会带着衣服去客人家里，有时候带三旅行箱的衣服，客人会留下来两箱。

2018 年夏天的某月，这 12 个微信号产生的业绩，达到了当月 Zoe 北京店和上海店的总和。

这样的局面极大地影响了店内员工的工作情绪，大家人心浮动。因为大家亲眼看到，原来这么大的连锁店竟然如此不堪一击，丢掉了微信，就一落千丈。

客人那一端也开始慢慢在变化，很多客人已经习惯于微信上去看，习惯于线上购买合适自己的产品，进店挑选购买已经不是最好的选择。

开店门槛高，成本高，而越来越多的客人不再进店挑选，老板真的就成了冤大头。

但更糟糕的情况出现了，那些在店里买过货的客人，又来店里退货了。

作为十年的品牌，Zoe 对客人是非常重视的，客人执意要退，肯定会按规定退。但发生几次之后，Zoe 忍无可忍，因为背后有人捣乱，她们会和客人说："同样的东西，来找我吧，我这里更优惠。"

大火一次次烧到家门口，让 Zoe 心情很低落，也很无奈。

微信的门槛是在时间上的，时间越长越有价值，谁抓到了老客户，谁就赢。怪只怪自己之前太放任，没把微信当回事。

在这场狙击战中，Zoe 已经处于被动，但是并没有输，因为微信是一个人人都能拿来使用的工具。Zoe 下决心把微信个人号的运营提到最高优先级。

4.

扛起狙击战大旗的是 Zoe 的表弟,一个 90 后的男生。在表弟的指导下,Zoe 进行了一系列改革。

亡羊补牢,犹未晚矣。

全公司把所有店面用来销售的微信统一集中起来,共有 50 部手机。经过讨论和磨合,明确了关于这 50 个微信个人号管理的新规定:

50 部手机统一收归总部管理;
公司总部派专人全程监督 50 个微信上的客户聊天记录和互动情况;
公司总部派专人及时提醒并指导销售如何更好沟通,达成交易;
为店铺销售每人配备一批老版本的 iPad mini,因为老版本的 iPad mini 无法解绑微信,避免了店长或销售把微信解绑带走;
店铺销售拿 iPad mini 在店铺添加好友,在微信上登记客户资料;
销售在微信上产生的业绩提成不受影响;
鼓励销售晚上把 iPad mini 带回家,随时聊天成交;
鼓励各店铺创作各具特色的朋友圈内容;
要求 50 个微信统一转发 Zoe 的朋友圈内容,强调 Zoe 的品牌代言身份;
……

> **我 | 的 | 思 | 考**

Zoe 的微信朋友圈玩得不错,这几年全世界跑,看了很多美好的景色和艺术作品,她已经成了行走的诗人,很多好友都喜欢看她来自异域的各种分享。

"有一种温柔,如这夜色,近乎烂漫。走在这如梦如幻如水的夜色里,走在晨光里,走在斜阳里,不管日子如何,一直走下去。有一种温柔,微笑不语,红尘相伴……"2014年,佛罗伦萨

"Celine 大秀,又见王菲,老王穿着 Celine 把一股清新自由之风吹到了巴黎……"2016年,巴黎

"就算只有转机的半天,我也会下飞机直奔洛杉矶现代艺术博物馆～～"2017年,洛杉矶

"美国旧金山店铺的设计灵感来源于东方雅韵禅意风格,中式传统魅力与经典的美式细节使之熠熠生辉……"2018年,旧金山

行走的诗人 Zoe,成了自家产品的模特和代言人,她穿着衣服出现在世界各地,也出现在 50 个微信个人号上的客人朋友圈里。

经常有客人对她说:"你身上所有穿的,我都要了,一样一个。"有时候她会跟客人说:"这个裙子,材质不是最好的。"客人说:"不介意,我依然都要。"

Zoe 知道,在微信上,客人买你的东西,更多是因为你这个人。

2018 年 12 月,有客人发来截屏问 Zoe "这条围巾,还有吗?" Zoe 翻开自己朋友圈一看,发现那是 10 个月之前发的一条朋友圈,当时她在意大利过春节。当时这个客人就在下面点赞互动,没想到 10 个月后,客人竟然要来买这条围巾。问起缘由,客人说:"今天闲着,翻看了你一年的朋友圈,很喜欢。"一条围巾,客人买走,38 000 元。

思考点拨

问题 1:
如果创业,你有没有勇气去做高端人士的生意?

提示:做零售生意,要有勇气去赚高端人士的钱,特别是有了微信个人

号私域流量的玩法以后，更应该有信心能做成。高端人士一般被锁定在特定的生活圈层，一般人很难接触到，有了微信，更多的人有机会通过服务高端人士获取收益。以案例中的 Zoe 为例，当她在机场贵宾厅服务高端人士的时候，如果有微信个人号，用巧妙的方法完成添加，那么这些高端人士有很大机会成为她创业的第一批用户。这对大家的启发应该是：处处留心皆用户。

 我 | 的 | 思 | 考

问题 2：
开店真的只能靠位置吗？

提示：对于传统的生意，店铺的位置是最重要的因素，好的位置意味着好的流量，而好的流量带来高质量的用户。进入微信时代，微信个人号流量池运营得好，会发挥出比位置更重要的作用，用户都在微信里，不拘泥于任何一个特定的时间和地点。

问题 3：
为什么跟高端人士打交道的生意一定会用到微信？

提示：微信个人号流量池的私有性和私密性带给用户的是安全感，高端人士更习惯于有人亲自提供高质量的产品和服务，通过沟通解决问题。做高端人士的生意，有一点很重要，要学习案例中的 Zoe，去做一个能引领高端人士生活的人，而不是一个普通追随者。这种角色的塑造，依靠微信个人号最容易完成。

问题 4：
如何避免离职员工偷走企业的微信用户？

提示：老板不能吝啬，要为员工买工作手机号、流量包、手机；明确什么是公司行为，什么是公司资产，明确微信用户是公司的重要资产；把用户资产的所有权和使用权分离，所有权归公司，员工有使用权；严禁员工私自用个人微信联络用户，严禁员工从工作微信导出用户，员工离职要妥善交接微信和手机；如果有条件还要监控员工工作时与用户的聊天记录，防止公司的用户资产流失。

问题 5：
为什么总部要统一管理微信个人号？

提示：总部统一管理最大的好处是，牢牢掌握用户资产，同时能紧密接触用户，全局式掌握用户跟品牌的互动情况，并根据观察做出正确的经营决策。很多企业老板并不知道用户在哪里，用户是谁，用户有什么需求，用户有什么反馈，这种情况可以通过总部统一管理工作用的微信个人号来逐步改善。

问题 6：
怎样管理兼顾总部管理和店铺销售的微信个人号？

提示：可以尝试用 iPad mini 和手机双登录。由员工在不同的店铺分头使用 iPad 登录，总部用手机登录，集中统一管理。总部的负责人可以跟员工同时响应用户需求，及时补位，还能在总部及时指导员工调整销售策略。

总结

企业老板必须时刻重视自己的用户资产,如果用户都在员工微信上,用户被盗和用户资产流失的风险会很高。解决的方法就是,老板把用户全部掌握在自己手里,企业用系统化方法运营微信个人号,兼顾总部管理和店铺销售,统一输出优质的朋友圈内容做好销售转化。

我 | 的 | 思 | 考

第20章

案例

卖酒 5 个月,
他把微信的坑全踩了一遍

问题 1

为什么在微信上卖酒是个错误的选择?

问题 2

你觉得靠网上炒作文章卖酒靠谱吗?

问题 3

微信群里加好友卖酒为何很难卖出去?

问题 4

你相信玩抖音小视频就能卖酒吗?

问题 5

用抖音圈粉为何要用微信个人号落地?

问题 6

为什么从传统渠道加好友卖酒更有效?

1.

陈兵是一名体面广告人,现在突然要转行,尝试着卖白酒。

做广告十一年了,他们把媒体版面和时间卖给甲方,赚的是差价,收的是服务费。陈兵的甲方客户集中在地产领域,比起很多没关系、没资源的广告公司,日子还过得去。现在要卖酒,也是没办法,全国各地限售、限购、限价,很多地产客户日子一天天不好过,都跑到县城里开盘,城市里几乎没有生意可以做了。

一个白酒的客户欠钱还不上,用 1000 多箱酒抵账,共价值 100 万元。这些酒把几个办公室堆得满满当当,陈兵得赶快把酒换成钱,好给员工发工资和奖金。

酒是好酒,来自中国的名酒之乡,也有品牌酒,试喝的人都说味道不比那些高端产品差。再加上价格便宜,零售价 200 多块一瓶,批发价 1000 块钱一箱,应该不成问题。

陈兵想了想,以自己团队的策划能力,再利用互联网免费传播,炒起几个热点,卖酒应该不难。

免费发消息的渠道有很多,比如微信公众号、头条号、企鹅号、大鱼号、一点号、凤凰号等。

陈兵和员工们开始分工协作,利用已经注册的账号,还有手中曾为客户服务用过的账号,把产品消息陆续发到各个平台。各个平台的推荐阅读系统对文章里的商业推广信息很敏感,不能在文章中植入联系电话或微信号,因而推广进展缓慢。

2.

陈兵发了微信朋友圈,连试喝带赠送,卖出去两箱酒以后,提醒员工们要把自己的微信价值好好挖掘一下:"我们就在微信里卖,毕竟这么多年做广告见客户,认识的老板多。"

计划不错，员工们也有信心。有几个负责市场的员工，这些年在参加各种大会时加的微信群很多，100 人的群有几百个，500 人的群也有几十个，如果把总数叠加算起来，每个员工能接触到的用户竟然也有七八万人。

按照微信好友上限 5000 人计算，每个人加满一个号应该没问题。

"多在群里吆喝，与老板们交朋友。"

于是，全员出动，都跟着老板陈兵学习怎么在微信里直接卖酒。

陈兵他们想得明白，每个老板都是渠道，老板们身边的老板更多，能买酒喝最好，不买的话，推荐身边的老板来买酒也成。

可是，一旦真正开始卖，才发现事情没那么简单。

陈兵他们的策略是先去微信群里加好友，重点加男的，再去微信群里打广告。

现在的群主很多对群内广告十分敏感，遇到好说话的，你发了广告，会提醒你发红包，很多干脆不让发广告，发了就踢出群。没办法，每人几百个大群，好友只能一个一个悄悄地加。

很快他们就发现微信目前对加好友的限制很严格，连续发送添加好友的请求，发多了或者发快了，都有被封号的风险，所以只能慢慢加。

看着群挺多，但想在群里折腾点事儿没那么简单，这是对陈兵的第一个打击。

> 我 | 的 | 思 | 考

无论如何也得坚持。八个人八个微信号，用了一个月倒也都陆陆续续加上来 2000 人，加起来也有一万多人了，但是酒只卖出去五箱，还都是有亲戚关系的买的。

只要跟加上来的好友推荐酒，大家基本都会客客气气地拒绝："对不起，暂时不需要。"

偶尔有几个感兴趣的，聊几句也就没了下文。

通过微信群加好友这种方式来的都不是精准流量，都不是购买用户，这是对陈兵的第二个打击。

3.

转机出现在一个 90 后员工何涛身上。

何涛平时喜欢刷抖音，抖音玩多了，发现抖音上人多，给老板陈兵建议可以试试在抖音上卖酒。

毫无疑问，抖音是 2018 年中国热门的流量平台，抖音公布的日活跃用户有 2.5 亿人。要想打响自己的牌子，人人都会想到玩抖音。

在抖音上卖酒，靠谱吗？

大家一起研究抖音上卖酒的案例，发现主流厂家小郎酒、江小白、洋河、泸州老窖、剑南春等，都在抖音上开了企业号，但他们并不直接卖酒，而更多是在展示品牌，关键是大厂的玩法学不来，他们都是联合抖音官方做推广。

于是陈兵决定从学习个人的玩法开始。

陈兵注意到，一个上海的牛肉哥是在抖音上白手起家的，他自己制作了 200 多个煎牛排的视频，吸引到 50 多万粉丝。然后牛肉哥开始卖红酒，99 元 6 瓶，号称良心红酒，14 万瓶红酒，每瓶赔 1 元钱。

研究完,他们发现牛肉哥卖红酒只是一个吸引人的话题,最终在抖音上还是要推牛肉哥家的淘宝店去卖牛肉。卖红酒赔钱,靠卖牛肉赚钱。

还有一个西安卖摔碗酒的,过瘾解气,但卖的是散装酒,不是整瓶整箱地卖。

"我们两百元一瓶的酱酒,怎么也得定位为高端酒,可以好玩,但不能没品位。"

陈兵定下调子让 90 后的员工们多去试试。

创意先从模仿开始。

抖音上能吸引来点赞和评论的玩法,年轻人都试了个遍,变脸、配音、小猪佩奇、拼酒量、拉酒线、白酒兑雪碧、故事与酒、小酒一杯、干杯、喝醉的样子、祝酒词、酒桌礼仪,几天下来,逐渐找到了一些感觉。

有看着点赞飙升的快乐,也有创作不出来的痛苦,玩了两个月,何涛他们觉得抖音潜力巨大,就是太烧脑,需要随时踩着抖音的潮流走,不断推出好的创意,这是很大的挑战。

他们玩抖音最大的收获是,从热闹的"酒文化"里找到了一批有共鸣的人,这些人比微信群里来的精准了许多。

何涛发现,抖音上转化来的加到微信个人号上的 1000 多人中,年轻人居多。到了沟通销售环节,因为年轻人不喝贵的酒,何涛他们一般主打礼品概念,推荐"好酒买给老爸尝尝"。送礼,始终是成交点。

我 | 的 | 思 | 考

2018年10月，抖音推出DOU+推广计划，花100元钱，抖音推给5000个人以上看。免费的流量平台开始推出收费计划。

进入2018年12月后，DOU+计划开始发力，何涛发现，他们的账号点赞和评论比原来少了，抖音上的吸粉计划也宣告失败。

何涛说："可以理解，没有永远免费的午餐。靠在抖音做广告卖酒，卖得还没有赔得多。"

4.

折腾了大半年，陈兵对自己通过免费流量上来卖酒的做法给出很低的评价："应该说是失败了，零分。"

卖酒有卖酒的逻辑，并不是你手里有货就一定能卖出去。陈兵意识到漫无目的地去加粉丝、找买家很不靠谱。不精准的用户，永远没有转化。

买酒的人到底在哪里？人们都去哪里买酒？谁手里有买酒的客户？

陈兵对这些问题分析来分析去，发现还是要借助传统卖酒渠道的力量，但方法是一家一家寻找烟酒店的老板，让他们发朋友圈推荐。目标是哪怕不挣钱，也要尽快把1000箱酒卖完。

"我实在是受不了了，再不结束，我自己都绝望了。"

陈兵发动员工去街头拜访烟酒店老板，由于陈兵的酒品牌够大，许诺的提成也够多，谈判成功率很高，一天就有30多个烟酒店老板帮他转发微信朋友圈，成交了50多箱。

回来的员工分析成交的原因，让陈兵终于有了一点信心："烟酒店老板的微信朋友圈以前发得都很烂，我们有文案能力，图片、文字都帮他们准备好了，信息一发出去就能击中别人。"

趁热打铁，陈兵和员工们在一个月内先后跑了1000多家烟酒店，找了800多个老板，发了3000多条朋友圈。临近过年，1000箱酒终于卖完，陈兵也总算彻底见识到了烟酒销售的渠道力量。

"真是结结实实挨了一个嘴巴子，同样都是微信好友，我们两三千人抵不上烟酒店老板那三五百人。"

我 | 的 | 思 | 考

思考点拨

问题1：
为什么在微信上卖酒是个错误的选择？

提示：想要在微信上卖东西，首先要有足够的用户，其次用户要对运营者的角色有清晰的"标签"认知，知道运营者擅长什么领域。一个做广告的人卖白酒，这很难让用户信任，离开好友数量和标签这两点，运营者无论推荐什么产品，都很难有好的销量。换句话说，不要指望什么都拿到微信上卖。

问题2：
你觉得靠网上炒作文章卖酒靠谱吗？

提示：想要从互联网的免费流量平台获取流量，并将之转化成销量，理论上可行，但在实际操作中，靠内容输出拉动销量是一个不断累积的过程，很难快速见效。

问题 3：
微信群里加好友卖酒为何很难卖出去？

提示：微信群形形色色，在营销上的价值良莠不齐，很多所谓的 500 人大群，真正活跃的没几个人，很多群都已经是死群，发任何信息都没人看。偶尔有管理得好的大群，群主又拒绝各种产品广告，所以指望在各种微信群里发了广告卖产品，是一种奢望。对于微信群来说，有一种玩法是可行的：利用微信群里人多的优势，长期持续去添加群里人为微信好友，通过互动把角色定位先打出去，把关系先建立起来，然后再去塑造未来销售价值，不能一上来就卖东西。

问题 4：
你相信玩抖音小视频就能卖酒吗？

提示：抖音带货是 2018 年下半年的新功能，在抖音上可以直接链接到淘宝、天猫店，这是一个系统化的服务方式。建议卖家多使用抖音平台上的 DOU+ 等付费功能，为系统推荐加点燃料，让推荐持续更长时间，传播给更多的人，这是付费的抖音玩法。想通过免费的抖音玩法直接卖货，也可以尝试，但我们的建议不要抱太大希望，对于一个开通了付费功能的平台，其免费的玩法效果一般都十分有限。

问题 5：
用抖音圈粉为何要用微信个人号落地？

提示：销售成交是一个复杂的过程，不要指望 15 秒或 60 秒内就完成销售，可以先从抖音上把人加到微信个人号上再慢慢转化。想要圈粉，可以在小视频字幕上多下功夫，把微信号、手机号或 QQ 号用字幕展示，也可以在账号介绍里提示微信号。

问题 6：
为什么从传统渠道加好友卖酒更有效？

提示：微信个人号流量池的玩法的关键点是运营者精准获取用户，而不是漫无目的地去各种平台乱加粉丝，我们反对把微信个人号流量池玩法看成是与传统营销玩法对立的。恰恰相反，运营者要通过各种渠道，先把精准人群聚集在自己手里。案例中的陈兵只顾着卖货，卖完就完了，并不想长期卖酒，所以忽略了加好友这件事的重要性。其他有长期运营想法的人，都可以尝试着利用街头 600 万家烟酒店老板的推荐，为自己构建包含精准用户的微信个人号流量池。

我 | 的 | 思 | 考

总结　很多人都有在微信卖货的冲动，拿到一款产品，就想立刻用微信卖出去，这太高估了微信的力量。千万别为难自己，也不要为难微信。人们从哪里购买什么产品，都有一定的路径依赖和渠道依赖，找到这些路径和渠道，用微信个人号重新建立自己的销售渠道，从而找到你真正的用户才是正确的微信卖货方法。

第21章

案例

天猫电商刷单，
50个微信号全被封号

问题 1

"人货场"三件事你觉得哪个最重要?

问题 2

用微信做电商为什么不如用天猫做电商?

问题 3

微信电商的本质不是"买卖"是什么?

问题 4

从电商流量转化微信好友怎么做最有效?

问题 5

为什么让微信好友去天猫刷单是死路一条?

问题 6

如何才能避免被封号?

问题 7

为什么说微信个人号是天然的会员制体系?

问题 8

微信个人号做"三人团购"的本质是什么?

1.

罗法里做电商十年。你要问他做电商想赚钱什么最重要,他一定会告诉你一个字:货。

罗法里:"你打开淘宝和天猫,搜的都是货,用户想买的也是货,我用直通车把货的名字买下来,用户一搜就会来到我家店里,我自然会赚钱。"

焱　飞:"买货的都是人,你有货,别人也有货,你要跟买货的人是微信好友,还愁他不买你家的货?"

2014 年罗法里第一次跟焱飞因为"天猫电商要不要做微信"的问题抬杠。

罗法里:"天猫上每天几千万人闲逛,每天进我们店里的有好几万人,我要跟他们都成为微信好友,太麻烦了。"

焱　飞:"这些流量都是你花钱买过来的,今天卖货你花钱买一批,明天还得花钱再买一批,一年 365 天,你想卖货就得天天买,你挣的钱都让天猫直通车赚走了,真正落到你手里的才有多少钱?"

2014 年 5 月,罗法里的五个天猫店当月销售 3200 万元,直通车费用合计 600 多万元,直通车费用是他心中的痛。

罗法里:"再怎么说,微信也不能帮我减少投入啊!"

焱　飞:"你说得对,微信跟天猫不一样,你在微信上花 600 万元也卖不出 3200 万元,微信就不是卖东西的地方。"

虽然与阿里巴巴同为互联网巨头,但腾讯的电子商务始终没做好。2014 年 3 月,腾讯将做了多年的 B2C 电子商务平台 QQ 网购和易迅网卖给了京东,"陪嫁"的还有腾讯的 C2C 电子商务平台拍拍。

罗法里:"腾讯就没有电商基因,微信要做像天猫一样的电商平台,让我们开店买流量卖货，我一定干微信电商。现在我开了微信公众号的商城，你也看见了，没流量，也没地方买流量，啥也卖不动。"

焱　飞："像天猫一样的微信电商你就别想了，腾讯自己在用最优质的流量卖游戏下载和充值，他才不会用流量去卖货，那不是他们的强项。"

罗法里："那我的微信电商怎么办？"

焱　飞："你只有一个一个加微信好友这一条路，先把你的天猫成交客户加起来。"

罗法里："那太慢了，能有多大意义。一个微信号才5000人，我一天就卖5000单。"

焱　飞："那你就买一百个手机，注册100个微信号，分开加好友，一个月就加满了。"

> 我 | 的 | 思 | 考

2014年的时候，很少有天猫电商愿意做微信个人号的经营，守着天猫流量日子都过得不错，只有有远见的人才能看到玩微信个人号的价值。而按照罗法里这样的老板的性格，只要想明白了要干，分分钟就会执行下去。

罗法里："有微信好友以后，指望卖货不现实，可以组织他们去刷单。"

焱　飞："别刷单，刷单就把好友用坏了。"

罗法里："听说有人用微信玩淘客，你帮我指导指导。"

焱　飞："我不会帮你，别拿微信去给你的天猫店打补丁，别跟粉丝做生意，别让粉丝盯上你兜里的钱。

本来是他买你卖，他给你钱，现在你让粉丝刷单，变成你给他钱，关系变味儿了，你就没好日子过了。"

罗法里："不让刷单，不让淘客，我更没兴趣了。"

焱　飞："人从天猫来，来了以后可以把天猫抛开，在微信里玩出自己独立的价值。别总惦记着天猫。"

微信跟腾讯一样，电子商务做得不行，但是微信社交做得好，人们更愿意在微信里交朋友而不是买卖东西。很多做天猫电商的人玩不好微信就是因为没跳出天猫看微信。

焱　飞："打通了天猫和微信，价值是你无法想象的，别人不打通，你要先打通了就占领先机了。"

2.

2016 年 5 月，罗法里急火火找过来，因为他天猫店里的微信个人号被封号了，很惨，50 多个号一次封完。

罗法里："我有 50 多个号都被封了，怎么办？"

焱　飞："你不是看不上微信电商吗？怎么会有 50 多个号？"

罗法里："没办法，店长们需要，一个员工一个号，想着反正也没影响，就让他们试试了。"

焱　飞："你干了什么被封号？"

罗法里："月初，话费忘了充值了，用公司的 Wi-Fi 登录了，谁知道 50 多个号，登上去发了一条朋友圈，就封了。"

焱　飞："发的内容都一样？"

罗法里："是啊,想着618大促,找些老粉丝来支持一下,打一个新爆款,冲冲量。就只发了一条啊。"

焱　飞："这不还是刷单吗?微信可是智能扫描,你只要有一个动作,就封你。"

罗法里："没办法,都是店长和运营们在管,他们真是有用。"

罗法里这样的天猫老板虽然嘴上说着无所谓,心里却知道微信有用,悄悄上了50个号刷单,但不愿意承认,只好就把所有的事都推卸给员工,这是面子问题。

罗法里："这次解封,下次注意点就行了吧。"

焱　飞："别做梦了,微信封号的规矩很多,很多你看着没问题,实际上却是封你号的原因。"

罗法里："有没有逃避封号的方法?"

焱　飞："你要是还用微信刷单,就别解封了,别玩微信了。"

罗法里："那不行,微信的作用越来越大了,以前刷量,现在刷好评,刷晒图,刷好了就能吸引自然流量。"

焱　飞："你眼光看长远点吧,刷单刷到最后,留下来的都是占你便宜的人,有复购意愿的人都被你伤害了。"

罗法里："难道只能聊天?"

我 | 的 | 思 | 考

焱　飞："可以先试试测新款，让大家投票提建议。"

一般来说，做天猫电商的人是瞧不上做微信电商的人的。天猫电商销售额大，双十一一天就有 32 000 亿元，一个中小卖家做好了一年能销售几亿元，微信电商望尘莫及。

在微信上卖货，要么采用微商代理压货模式，要么采用分销拉人头模式，热闹几天就会树倒猢狲散，搞得微信电商的名声不太好。

罗法里："先不卖货，先用测新款的理由聊起来？"

焱　飞："是的，微信电商的本质不是买卖，是'关系'，你跟客户之间要有高频次的互动，要有基于喜欢的信任，要有稳定而紧密的关系，要有彼此认可的文化符号，要有特定的文化仪式，这样的关系貌似开放，实则封闭，外人很难进入，这是一种独特的电商模式。"

罗法里："不跟销售挂钩，不问营收利润，先试试。"

焱　飞："你一年几个亿，缺那点钱吗？不缺钱就去探索新模式。"

3.

2017 年，罗法里遭遇了最大的一次危机，最赚钱的"货"出了问题。

罗法里天猫店的货是"泰国概念家居品"，同样的货在天猫上，泰国原装进口是 259 元，罗法里卖 179 元，这样的竞争格局，罗法里的货这几年都很有竞争力。

罗法里："我卖 179 元，A 公司卖 99 元；我卖 99 元，A 公司卖 59 元，实在是逼上绝路了。"

焱　飞："赚钱若仅靠货，货要出问题，生意就彻底完了吧？"

罗法里："那还能靠啥？"

焱　飞："靠品牌，在天猫里你还不够强大，只能靠你在微信上不断攒的人品。"

A公司从2012年卖手机开始就打价格战，号称质优价廉，从2014年A公司全国找工厂做自有品牌的生态链，卖电视、空气净化器、眼镜、枕头、滑板车，上千种产品。很多天猫店都害怕A公司踏进自己的类目，正面遭遇价格战。害怕并没有用，A公司来的时候，不会给任何人打招呼。

罗法里意识到自己到了生死关头。

焱　飞："产品从出现到影响你的销售，估计会有多久？"

罗法里："半年时间。"

焱　飞："用半年时间调整类目来得及吗？"

罗法里："来不及，可以用同样的价格咬住A公司，再去打新的爆款。"

焱　飞："新的爆款，有没有测试数据？"

罗法里："这一年用微信个人号做的测试，瞄准办公室用品，卖给白领，市场需求量也很大。"

焱　飞："测了多少人了？"

罗法里："用一个新微信号测的，测了500多人，每组100人，测了5次不同的造型和面料。"

焱　飞："每组100人还是太少了，那就再扩大测试范围，

> 我 | 的 | 思 | 考

把你之前的 50 个号都用上。"

罗法里："彻底用不上了，我们没听你的话，继续刷单了，现在基本上都封完了。不止微信封了，天猫也封我们的支付宝，亏大了。"

焱　飞："接下来准备怎么做？"

罗法里："你帮帮我们，我想要稳妥和安全的方案，让账号都活下来，让微信好友都活跃起来。"

在流量世界里，有两种开店的人最不缺流量，一种是线上开天猫店的，一种是线下开饭店的。这两类人的流量来得快，来得容易，所以饭店老板很容易轻视流量，来不及想清楚就去做了，结果往往都做错了，吃了亏才知道后悔。

焱　飞："你知道做微信电商，谁最容易成功吗？"

罗法里："我们这类人？"

焱　飞："就是你们，就是天猫店老板。因为你们店里有人，都是真实的购买用户，这可是精准流量，只要不糟蹋，不折腾，肯定会人有所为。"

4.

三个月后，罗法里重新上线 50 个微信号，每个号都老老实实加好友，维护账号的团队也配备到 5 个人，上了专业的维护设备。

罗法里："现在每加上一个人，我们都会特别向他强调，他是 VIP 会员，欢迎参与我们的新品测试。"

焱　飞："微信个人号就是天然的会员制，就应该给微信好友会员价。"

罗法里："能不能再收点会员费？"

焱　飞："先不要收，收了会员费，服务就变得复杂了。你现在的 5 个人的团队力量太弱小，服务不到位的话，反而会带来不好的影响。"

罗法里："人多了，服务能跟上后怎么玩？"

焱　飞："玩礼品概念，一个月寄一份礼品，就像网易严选，保持紧密关系，不要靠这个赚钱。"

罗法里："比如夏天去杧果的原产地海南，挑性价比最好的杧果，三五十块一盒，分享给大家？"

焱　飞："重在激活参与，保持一个月一次的参与感，高级的玩家都是先从培养价值认同开始的，你得学会输出思想，输出文化，输出生活方式。"

罗法里："那等什么时候能卖我们的产品？"

焱　飞："随时都可以。"

罗法里："怎么做？"

焱　飞："鼓励你的好友推荐，推荐你的名片给他的好友，推荐你的二维码到他的朋友圈，不要贪心，只要保证一个人向你推荐来三个人，你就赢了。"

罗法里："用小程序做成 VIP 会员专属三人团，可以吧？"

焱　飞："没问题，把东西卖出去的同时，也要把好友加上来，好友的好友，对你的信任感更强，价值更大。"

> 我 | 的 | 思 | 考

罗法里:"明白,用拼多多的玩法,卖东西还能加好友。"

焱　飞:"是的,还要把价格扛住,不能像拼多多一样靠低价。只能靠微信好友的信任来背书,不能指望像拼多多一样一次成交 50 单、100 单,要一次 3 单,一个一个好友去裂变,慢慢往深处做。"

2018 年,罗法里用三人拼团的微信玩法,50 个微信个人号,每个都加到 5000 好友只用了 8 个月,从 25 万 VIP 免费会员中转化出付费贵宾会员 5000 人,通过会员共推荐实现销售额 2100 万元,其中新品销售额 1500 万元,引爆 5 个天猫店的新品爆款共 7 次,间接带动店铺销售额超过 5000 万元。

思考点拨

问题 1:
"人货场"三件事你觉得哪个最重要?

提示:把运营重心放在"人"上,需要运营者连接用户,重建用户关系,改变用户的认知,微信个人号私域流量运营就是把"人"排在第一位。把运营重心放在"货"上,需要运营者创新产品,优化产品的供应链,做到保质保量供应,特点是电商企业卖得差时不压库存,卖得好时能保证供货。把运营重心放在"场"上,需要运营者选择好经营场地、区域、位置和渠道,移动互联网时代的购物场景早已线上线下一体化了。

问题 2:
用微信做电商为什么不如用天猫做电商?

提示:天猫电商的本质是卖货,平台流量大,多花钱买流量就有机会多卖货。微信平台的推广手段有限,用户在微信上也缺乏明确的购买意图,体量上很难跟天猫电商相比。微信个人号做电商需要商家先积累自己的用户,需要经历一个逐渐积累用户的过程,很多商家怕麻烦。

问题 3：
微信电商的本质不是"买卖"是什么？

提示：微信电商的本质是运营用户关系，如果商家把用户沉淀在微信个人号上，就能形成自己的流量主权，可以省钱，也可以赚钱，更重要的是商家建立了自己的用户体系，比单纯进行"买卖"更有战略价值。

 我 | 的 | 思 | 考

问题 4：
从电商流量转化微信好友怎么做最有效？

提示：根据目前阿里巴巴的规定，在包裹里放微信二维码是违规行为，在此之前，这是最通用的方法，玩法主要是加微信好友、给好评返现。目前可以采用的高效方法是智能电话自动回拨，用电话语音回访已购买用户，并引导用户添加老板微信，还可以配合短信。

问题 5：
为什么让微信好友去天猫刷单是死路一条？

提示：运营者跟微信好友之间良性的"买卖"关系是，用户付钱给运营者，这是一种消费行为。而刷单则是一门生意，需要运营者付费给用户。让用户去天猫上刷单，把原本的成交关系反过来变成倒找钱的生意，对关系是巨大的破坏，失去了挖掘复购和用户推荐的机会，得不偿失。

问题 6：
如何才能避免被封号？

提示：保证注册新号时，一个手机号申请一个微信号，且只放在一部手机上，不要在手机上使用微信多开；每一部手机每月开通 500MB 以上的流量，不要多个手机使用同一个 Wi-Fi；完成实名认证，绑定银行卡，用微信支付购买 100 元理财通产品；不使用自动加粉、模拟位置打招呼、一键转发等破解软件，不外挂抢红包助手、群聊助手；不频繁添加好友，不连续发广告，不加入炒股群、赌博群，严禁黄赌毒。

问题 7：
为什么说微信个人号是天然的会员制体系？

提示：首先，从功能上看，使用微信好友的备注功能，可以备注用户姓名、年龄、兴趣、爱好、手机号、家庭地址、个人照片等详细的客户画像信息，便于查找；其次，微信好友的分组标签功能可以快速唤起同一标签分组的用户；再次，通过观察微信号好友的朋友圈，可以大致完成客户画像，通过随手备注来及时完成用户描述；而且通过展示运营者的朋友圈，可以在用户端树立个性化魅力，吸引并激活用户沟通；还有，微信的一对一聊天功能，能让用户有私密感和安全感；最后，给每一个用户建一个 VIP 小群，可以为用户提会员专属的沟通渠道，完成多岗位协同服务。

问题 8：
微信个人号做"三人团购"的本质是什么？

提示：主要目标有两个：一个是让交易变现的量更大，另一个是获得更多社交推荐的好友。每一次团购都致力于在获取新用户时把一个人裂变成三个人。

总结

天猫电商鄙视微信电商，却又喜欢用微信个人号好友去给天猫店铺刷单，这是害人害己的运营思路，会被微信封号，也会被用户抛弃，浪费运营的时间和金钱。正确的路径是：利用天猫流量转化微信好友，批量维护养号，做新款测试，做VIP会员体系，有了微信个人号流量池，电商才有真正的经营自主权。

我 | 的 | 思 | 考

后　　记

"公"和"私"永远是相对的。

比如医美等行业的商家去百度投直通车，做网络广告，是从公域流量里为自己的私域流量池积累用户，但对于百度来说，百度的 App 和网站则是自家的私域流量。百度每年从自己的私域流量池收获 1000 亿元左右的广告收入。

对阿里巴巴来说，淘宝和天猫是自己的私域流量，在做电商的人眼里，拥有数亿购买用户的淘宝和天猫，是能帮商家卖货赚钱的公域流量，因此商家要不断付钱给阿里巴巴，购买直通车和钻展，向用户展示商品，实现销售转化。2018 年阿里巴巴广告收入 2000 多亿元，销售总额 40 000 多亿元。

百度和阿里巴巴并不愿看到商家跟用户走得太近，因为这样就没人来持续购买广告了。但移动互联网时代横空出世的微信让流量买卖变得微妙起来。

微信也卖广告，但每年也就百十亿，算不上主流，绝大多数时候，无论是个人还是商家，使用微信是免费的。对于腾讯来说，微信是腾讯的私域流量；对于商家来说，去微信这个公域流量里找用户并将其放进自家的私域流量池里，基本上不用花钱。

企业为什么要做私域流量池？

因为企业想要自己说了算，这符合人性，也符合经济法则，省钱、方便、私密。如果企业把需要花钱从百度和阿里巴巴那里买来的用户，变成几万、几十万微信好友抓在自己手里，谁还愿意再去花钱买流量？

线下的实体店逻辑也一样，本质也是流量的买卖。

各种大大小小的商业体能吸引来流量，就能收来租金把流量变现。但是，在移动互联网时代，用户都在用微信，实体店铺的位置不再是唯一重要的东西，谁能在微信上拥有更多的好友，谁就能做成生意。

如果实体店老板也坐拥几万、几十万微信好友，谁还愿意再去缴纳店铺租金呢？

总之无论是线上还是线下，其实都要做好一件事：用微信个人号打造私域流量池。

为什么要用微信个人号打造私域流量池？因为微信个人号是目前经过实践检验，是行之有效的，几乎是唯一一个极致的私域流量工具。

理论上，任何行业、商品、生意都适合用微信个人号来经营，而实际上过去的几年，只有一小部分行业和企业用微信个人号做成了。我们期待在本书介绍的实践案例和运营法则的激励下，有更多的行业和企业通过实践，获得微信个人号私域流量运营的成功。

书中没有一夜暴富的方法，只有日拱一卒的执着。

运营者必须学会从线上线下各种公域流量的大海中，利用微信个人号找到自己的用户，打造私域流量池，活下去，并长期获利。

感谢每一个勇敢的实践者，他们是：西贝餐饮、幸福味道餐饮、爱斯米牛排、诺展工业、一加一天然面粉、拯救科技、东莞艾尚、上海佳奥、小小包麻麻、盛唐牡丹、B5鞋业、豆丁之家、荔枝微课、昭元摄影、鬼脚七、老孙汽修、温州整形、哈里微整、管理智慧、樊登读书会、UU跑腿……没错这都是私域流量池的成功实践者。

实践的路上有成功的喜悦，也会有失败的苦涩，有迷茫，也有最终走出的一片蓝天。

希望有更多的微信好友一路同行。

推荐阅读